12, avenue d'Italie — Paris XIIIe

10/18

12, avenue d'Italie — Paris XIIIe

LES ENFANTS SAUVAGES

MYTHE ET RÉALITÉ

PAR

Lucien MALSON

Professeur de psychologie sociale
au Centre National de Pédagogie
de Beaumont

suivi de

MÉMOIRE ET RAPPORT SUR VICTOR DE L'AVEYRON

PAR

Jean ITARD

10|18

« Bibliothèques 10/18 »
dirigé par Jean-Claude Zylberstein

Si vous désirez être régulièrement tenu au courant
de nos publications, écrivez-nous :

Éditions 10/18
c/o 10 Mailing (titre n° 157)
35, rue du Sergent Bauchat
75012 Paris

© 1964 by Union générale d'Éditions
ISBN 2-264-02561-1

A Jean STOETZEL

INTRODUCTION

LES ENFANTS SAUVAGES
ET LE PROBLÈME
DE LA NATURE HUMAINE

C'est une idée désormais conquise que l'homme n'a point de nature mais qu'il a — ou plutôt qu'il *est* — une histoire. Ce que l'existentialisme affirmait, et qui fit scandale, on ne sait trop pourquoi, naguère, apparaît comme une vérité qu'on peut voir annoncée en tous les grands courants de pensée contemporaine. Par le behaviorisme qui nie, avec Naville, « l'hérédité des traits mentaux, des talents, des capacités », par le marxisme, qui reconnaît avec Wallon, que, « de tous les êtres vivants, l'homme est à sa naissance *le plus incapable,* condition de ses progrès ultérieurs », par la psychanalyse qui confirme, selon l'expression de Lagache, que « l'idée d'instincts se développant pour eux-mêmes ne correspond à aucune réalité humaine », par le culturalisme enfin, relevant à la fois du marxisme et de la psychanalyse, lequel liquide les derniers doutes et fait briller en pleine lumière ce que l'individu doit à l'environnement dans l'édification de la personne.

Certes, la notion même d'instinct, dans la psychologie animale, a perdu la rigidité qu'elle avait jadis. On sait, aujourd'hui, que l'imitation, l'apprentissage des tâches chez les animaux supérieurs, que l'effet de suggestion du groupe chez les animaux inférieurs vivant en une sorte de permanente hypnose, indiquent le rôle non négligeable de l'entourage dans la maturation de l'instinct. Malgré tout, celui-ci n'en continue pas moins d'apparaître comme un « *a priori* de l'espèce » dont chaque être exprime la force directrice d'une manière assez précise, même dans le cas d'un précoce isolement. C'est en ce sens qu'un comportement animal renvoie tout de même à quelque chose comme une nature. Chez l'enfant, tout isolement extrême révèle l'absence en lui de ces solides *a priori*, de ces schèmes adaptatifs spécifiques. Les enfants privés trop tôt de tout commerce social, — ces enfants qu'on appelle « sauvages » — demeurent démunis dans leur solitude au point d'apparaître comme des bêtes dérisoires, comme de moindres animaux. Au lieu d'un état de nature où l'*homo sapiens* et l'*homo faber* rudimentaires se laisseraient apercevoir, il nous est donné d'observer une simple condition aberrante, au niveau de laquelle toute psychologie vire en tératologie.

La vérité est que le comportement, chez l'homme, ne doit pas à l'hérédité spécifique ce qu'il lui doit chez l'animal. Le système de besoins et de fonctions biologiques, légué par le génotype, à la naissance, apparente l'homme à tout être animé sans le caractériser, sans le désigner comme membre de l' « espèce humaine ». En revanche cette absence de déterminations particulières est parfaitement synonyme d'une présence de possibles indéfinis. A la vie close, dominée et réglée par une *nature donnée,* se substitue ici l'existence ouverte, créatrice et ordonnatrice d'une *nature acquise.* Ainsi, sous l'action des circonstances culturelles, une pluralité de types sociaux et non un seul type spécifique pour ront-ils apparaître, diversifiant l'humanité selon le temps et l'espace. Ce que l'analyse même des similitudes retient de commun chez les hommes, c'est une structure de possibilités, voire de probabilités qui ne peut passer à l'être sans contexte social, quel qu'il soit. Avant la rencontre d'autrui, et du groupe, l'homme n'est rien que des virtualités aussi légères qu'une transparente vapeur. Toute condensation suppose un milieu, c'est-à-dire le monde des autres. On ne sait quelle hypothèse formuler sur l'origine de l'humanité, on peut seulement penser que des mutants ont massivement profité d'une société protohumaine, d'une société devant être, avant qu'il puisse exister un homme *seul*.

Quoi qu'il en soit de ces mutations que les théories de l'évolution nous incitent à concevoir et que la psychosociologie nous convie à supposer, nous constatons au moins, qu'*aujourd'hui*, se trouve au monde un être qui n'est pas, comme la totalité des autres êtres, un « système de montages » mais qui doit tout recevoir et tout apprendre et chez qui l'endogène — ce qu'on peut imputer à ses seules puissances et natives dispositions — a la consistance, répétons-le, d'une nuée. Le déclin de l'idée de nature humaine renvoie sans doute à des mobiles socio-économiques, à des motifs politico-moraux, mais il a, incontestablement, ses raisons scientifiques. Ce sont elles que nous nous proposons d'examiner ici.

Le problème de la nature humaine, c'est en somme celui de l'hérédité psychologique, car si l'hérédité biologique est un fait aussi clair que le jour, rien n'est plus contestable que la transmission par le germe de « propriétés » définies, décelables, dans l'ordre de la connaissance et de l'affectivité — donc de l'action —

ordre où l'humanité, justement, se laisse reconnaître. Le naturel, en l'homme, c'est ce qui tient à l'hérédité, le culturel c'est ce qui tient à l'héritage (héritage congénital durant la gestation même, périnatal et post-natal au moment de la naissance et tout au long de l'éducation). Il n'est pas facile, déjà, de fixer les frontières du naturel et du culturel dans le domaine purement organique. La taille, le poids de l'enfant, par exemple, sont sous la dépendance de potentialités héréditaires, mais aussi de conditions d'existence plus ou moins favorables qu'offrent le niveau et le mode de civilisation. Que la nourriture, la lumière, la chaleur — mais aussi l'affection — viennent à manquer et le schéma idéal de développement se trouve gravement perturbé. Dans le domaine psychologique les difficultés d'un clivage rigoureux entre le naturel et le culturel deviennent de pures et simples impossibilités. La vie biologique a des conditions *physiques* extérieures qui l'autorisent à être et à se maintenir, la vie psychologique de l'homme a des conditions *sociales* qui lui permettent de surgir et de se perpétuer. Chez l'animal (du reste, de moins en moins nettement au fur et à mesure que l'observation glisse des espèces inférieures aux espèces supérieures) on voit le comportement étroitement lié aux automatismes corporels : l'hérédité des instincts n'est au fond qu'une autre désignation de l'hérédité physiologique. Chez l'homme, le concept d'hérédité psychologique, au contraire, si l'on entend par là une transmission interne d'idées, de sentiments et de vouloirs, et quels que soient les processus organiques qu'on imagine à leur source, perd toute signification concevable.

C'est ce que les sciences de l'homme nous ont acheminé à penser. Dans l'ordre de l'existence mentale, le déterminisme héréditaire individuel d'une part, spécifique d'autre part, soumis au crible des méthodes objectives, ont perdu leur caractère de vérités admises, ont rejoint d'autres conceptions pré-critiques dans le musée des légendes et des mythes. La discussion de l'hérédité psychologique individuelle semble, de prime abord, heurter beaucoup moins les convictions anciennes que celle de l'hérédité psychologique spécifique. Au moins, la première notion récusée, resterait-il debout, celle de la présence, dans l'embryon, des dispositions psychiques de *l'espèce,* ou, si l'on veut, de *l'homme en général.* La mise en question de ·cette deuxième notion est une contestation plus profonde des préjugés de jadis et une manière plus radicale de dissoudre l'idée de nature humaine. On comprendra pourquoi ce mouvement de pensée anti-naturaliste est aussi celui qui a rencontré les plus vives résistances de « l'opinion ». La critique de l'hérédité psychologique individuelle s'est opérée en deux directions, différentes mais liées : la sociologie des familles, l'étude de la gémellité. La critique de l'hérédité psychologique spécifique s'est organisée également selon deux voies distinctes : l'anthropologie culturelle, l'analyse des cas d'extrême isolement.

C'est vers ce dernier secteur, le moins connu, et dont la bibliographie est presque uniquement germanique et anglo-saxonne. que nous allons tourner notre attention, non sans avoir, au préalable, rappelé les acquisitions fondamentales des autres secteurs, celles-ci éclairant, confirmant, favorisant l'acceptation de vérités que nous verrons se manifester progressivement dans le nôtre. Ainsi tout ce que l'on sait aujourd'hui de l'hérédité mentale sevira-t-il de preuve supplémentaire, par la convergence des résultats, que la nature humaine chez les enfants « sauvages » a toujours échappé aux regards parce qu'elle ne saurait apparaître qu'après l'existence sociale

CHAPITRE PREMIER

L'HÉRÉDITÉ DE L'INDIVIDU
ET L'HÉRÉDITÉ DE L'ESPÈCE

I. — L'HÉRÉDITÉ DE L'INDIVIDU

Il ne peut y avoir une « hérédité psychologique » existant en elle-même comme un système défini, comme une série de reflets de dispositions anatomiques et physiologiques, pas plus qu'il n'y a de « contamination sociale » c'est-à-dire d'héritage s'imprimant de lui-même en l'individu. Ces notions d'un déterminisme mécaniste sont en rapport de complicité. Sartre voit en elles, justement, « deux grandes idoles explicatives ». Dans les deux cas, on oublie la conscience ou plutôt l'existence comme centre actif de synthèse donnant force et sens aux incitations du corps et aux sollicitations du monde. Cette existence individuelle en tant que jaillissement, éclatement, perpétuel commencement, est irréductible à ses conditions d'apparaître internes et externes, qui ne sont jamais, du reste, des causes. Au niveau de la conscience, source de nouveauté, d'émergence, on ne rend pas raison de ce qui se passe par le « déjà-là ». L'homme refuse, reçoit et noue des influences qu'il contribue à faire exister. Il crée et il

13

se crée, il est sujet et objet de son histoire et de l'histoire de tous. On essaie de l'enliser dans les déterminismes mais toujours la tête dépasse. Il y a plus dans l'homme que le donné et cette créativité s'exprime face aux bruissements confus du corps comme à l'égard des messages du milieu social. En un mot, l'expression même d' « hérédité psychologique » désigne une abstraction réalisée, c'est une hypostase, un pur et simple fétiche. Ce qui existe seulement, c'est une « hérédité biologique » comme ensemble de puissances et limites par rapport à des fins ultérieurement posées, comme ensemble de prétextes à réactions existentielles variables — et l'image que l'individu s'est forgée de lui, dans sa culture, affecte les événements corporels d'un sens qu'ils n'ont pas d'eux-mêmes.

Cette image de soi que l'être compose et les moyens de se réaliser dont il dispose au contact d'un entourage vont à la rencontre des états ou des élans corporels auxquels ils donnent signification et direction. Ainsi « l'hérédité biologique » n'enfante-t-elle pas directement le comportement psychologique. Entre celle-là et celui-ci s'interposent toujours des inhibiteurs ou des catalyseurs conscientiels. C'est ce que montrent les sciences de l'homme, très nettement, alors que la génétique demeure évasive.

On pourrait croire, en effet, que la génétique apporte de très précieux renseignements. Il n'en est rien. D'abord elle s'interdit toute expérimentation sur l'homme, ensuite elle ne peut se mouvoir dans le « grand nombre » comme avec les drosophiles éphémères et proliférantes, enfin elle n'est jamais convaincue par la filiation légale. Si l'on songe, de plus, à la complexité des faits psychologiques, à l'impossibilité de les réduire analytiquement à des traits séparés que pourraient motiver des gènes particuliers ; si l'on pense, encore, au fait qu'il faut imaginer par centaines les gènes que l'on suppose intervenir dans les processus et concevoir les combinaisons de possibilités qu'ils constituent à titre de variables indépendantes ; si l'on veut bien considérer également que la théorie mendélienne demeure vérité en ce domaine mais n'exclut pas les difficultés de distinction pratique entre l'héréditaire et l'acquis — notamment entre l'héréditaire et le congénital — ; si l'on convient, surtout, que les relations du génotype et du phénotype sont régies par des principes capricieux de mutation, d'hérédité simple ou double, directe ou croisée, associée ou liée au sexe, atavique ou accumulée, par des principes aussi de dominance ou de récessivité, de pénétrance et d'expressivité relatives, on se persuadera aisément de l'incertitude qui règne, en l'état actuel de la science, dans les cahiers des généticiens. En réalité les théories génétiques de l'influence héréditaire dans l'ordre psychologique résultent rarement de l'observation ou de l'expérience directes exercées sur le monde chromosomique. Elles sont des constructions mathématiques *a posteriori* destinées à rendre raison de phénomènes statistiques relevés par l'enquête du sociologue. On ne peut condamner la méthode, mais l'on peut, tout au moins, s'interroger sur la valeur et le sens des matériaux recueillis. Ainsi la génétique nous dirige-t-elle vers la sociologie des familles et la critique de ses documents.

Qu'a-t-on appris de ce point de vue ? Les études se sont accumulées. Elles ont notamment pour objet soit le génie soit, à l'inverse, l'arriération mentale. En ce qui concerne le génie, on a noté l'existence de familles célèbres, les Bernouilli mathématiciens, les Darwin naturalistes, les Jussieu botanistes, les Say économistes

15

et, bien entendu, les Palestrina, Couperin, Scarlatti, Mozart, Haydn ou Bach, musiciens. La cinquantaine d'artistes relevables dans la liste des 136 membres des 8 générations étudiées de Bach est, du reste, l'exemple que l'on cite toujours. On n'a pas manqué, jadis, de voir dans la succession de ces vies réussies l'action d'un don transmissible. On rejette aujourd'hui cette interprétation hâtive. Une famille, ce n'est pas seulement un ensemble d'êtres ayant en commun des potentialités biologiques, c'est un milieu éducatif, et, en vérité, on doit voir de toute façon dans la succession des vocations la force incontestable d'une tradition familiale perpétuée par l'habitude et celle, non moins certaine, de l'imitation motivée par l'exemple parental. Chez les Bach, tous comptes faits, on naissait destiné à la musique, comme chez les savetiers et les financiers on se trouvait voué à marteler les semelles ou à trouver son salut dans la banque. Au reste on ne rencontre qu'un seul génie par famille et sans doute personne ne se serait-il préoccupé des autres simples talents sans la remarquable éminence de l'un d'entre eux. Déjà, Thomas, chez les Corneille, ce n'est pas Pierre, et pourquoi avait-on oublié de citer, autrefois, en regard des séries d'hommes illustres, celles, parallèles, de leurs frères qu'engloutirent les ténèbres de l'histoire ? Si l'on accepte que la notoriété double est un argument en faveur de la récurrence des aptitudes, la notoriété individuelle dans le cas des fratries doit être considérée comme un argument inverse et non moins contraignant. Il faut, d'autre part, distinguer entre les secteurs de réussite. Il est plus facile pour le fils d'un Rothschild d'avoir autant de clients à ses guichets que pour le fils d'un Mauriac de conserver une audience équivalente à celle de son père. La stabilité des noms dans les

victoires économiques, beaucoup plus grande que dans
les triomphes intellectuels, montre que l'avantage dû au
milieu du fait même de la position sociale — qui existe,
déjà, pour les fils d'artistes ou de penseurs — est
d'autant plus fort que le succès du père relève plus de
l'univers matériel que de l'univers spirituel. Lorsque
Galton — que cite l'incroyable Poyer — disait sans rire
que « la chance *héréditaire* d'atteindre à la notoriété est
vingt-quatre fois plus grande si un enfant a un père
notoire », il ne savait pas qu'il rédigeait un acte
d'accusation sans réplique contre l'ordre social — ou
plutôt le désordre moral — qui ne donne qu'une chance
sur vingt-quatre au médiocre ou au lamentable de
perdre une fortune s'il n'y met pas vraiment du sien.

Que dire des études portant sur l'inadaptation, la
faiblesse mentale et non plus sur la puissance psychique
et le succès ? Goddard s'est penché sur le cas de Martin
Kallikak qui eut, à la fin du XVIIIᵉ siècle, un bâtard avec
une fille d'auberge et donc deux descendances : l'une
officielle, psychologiquement normale, l'autre offi-
cieuse, peuplée de débiles mentaux. Anastasi et Foley
se demandent ce que seraient devenus les bâtards s'ils
avaient été éduqués dans un climat semblable à celui de
la famille légitime. Question de pure raison. Rejetés,
marginaux, méprisables, les « parents pauvres » des
heureux Kallikak ont connu le destin que les mœurs ont
tracé. Des réflexions très semblables naissent à la
lecture de Dugdale qui relève le cas de Max Jukes, un
ivrogne vagabond de New York, qui vivait également
au XVIIIᵉ siècle et dont on connaissait, en 1915, parmi les
2094 descendants, 140 criminels dont 7 assassins,
300 prostituées, 310 mendiants et 600 oligophrènes.
L'imagination se plaît à composer la scène d'un repas
de noces chez les Jukes et la leçon de vie quotidienne

qu'un enfant bien constitué pouvait recevoir en pareil cas dans cette véritable cour des miracles.

En faveur de l'influence prépondérante du milieu les preuves abondent. Conrad et Jones ont montré que la ressemblance psychologique entre les mères et les filles était plus forte qu'entre les pères et les fils. N'est-ce point parce que les filles ont la mère comme idéal du moi et la trouvent, au foyer, plus constamment face à elles ? Freeman, Holtzinger et Mitchell soulignent que la ressemblance entre frères séparés pendant un certain temps est d'autant moins grande que la rupture du couple a été plus précoce. Ils notent aussi que dans les familles adoptives, les coefficients de corrélation psychologique entre enfants vrais et faux d'une part, entre enfants faux d'origines distinctes vivant dans ces familles d'autre part sont tout à fait équivalents. On a fait remarquer que les enfants distribués par les organismes de placement sont dirigés vers des familles artificielles susceptibles de réaliser l'idéal des familles naturelles et que la répartition semblait souvent *sélective*. On peut en conclure que l'individu trouve dans une nouvelle famille, soit des éducateurs de même « qualité biologique » que ses générateurs, soit un *milieu* homogène à celui dont il est issu, ce qui tue en un certain sens toute signification de l'expérience, mais dès que des discordances culturelles apparaissent, les différences psychologiques entre frères authentiques élevés distinctement de nouveau s'avèrent et le coefficient de ressemblance tombe de 39 à 28.

Si Cattel avait cru qu'un indice de corrélation très élevé entre les résultats des frères à un examen d'intelligence était signe de dispositions héréditaires, c'est qu'il avait naïvement supposé que ses épreuves éliminaient tout ce qui peut provenir de la culture, de l'éducation, pour ne s'adresser qu'à la « pure » pensée. Or il est impossible de concevoir une raison constituante qui ne s'appuierait pas sur une raison constituée, sur des schèmes opérationnels et un test, pour être nonverbal, n'en implique pas moins des *coutumes* mentales. C'est pourquoi toutes les corrélations significatives peuvent s'interpréter très facilement en termes de milieu et si « l'arriération mentale réciproque » diminue avec le degré de parenté, il faut voir que celui-ci peut n'être qu'une autre désignation du degré de similitude éducative. Inversement, lorsque deux parents manifestent l'arriération, si la quasi-totalité des enfants la manifestent, c'est aussi bien qu'ils ont trouvé, dans leur entourage le plus immédiat, deux chances sur deux d'en observer le « modèle ». Ici encore, l'hypothèse culturaliste va trouver sa preuve dans le fait que la réciprocité de l'oligophrénie est trois fois plus élevée, comme Penrose l'a indiqué, lorsqu'on considère le couple mère-enfant plutôt que le couple père-enfant. La mère, que sa fonction pédagogique — dans nos sociétés — rend plus proche de l'enfant, incarne et symbolise ici le primat de l'action de l'entourage. Il en va de même dans le domaine du « névrotisme », de la « dominance » ou de « l'autonomie », comme, à son tour, Crook le signale, les corrélations varient, en faveur de l'influence de la mère, et non du père, plus « lointain ». Dans la zone qui intéresse les faits affectifs donc, comme en celle qui a trait aux faits cognitifs, et toujours de façon plus nette, l'attention qu'on peut accorder à l' « hérédité » faiblit devant celle que sollicite « l'héritage ».

D'autres expériences vont plaider dans le même sens. Selon Jones, Richardson et Neff, aux tests d'intelligence, le coefficient de corrélation entre époux est aussi élevé qu'entre frère et sœur, bien que mari et femme aient des hérédités distinctes et que la fratrie relève de lignées unies. Ce que la vie en commun a pu faire dans l'ordre de la similitude, les génotypes semblables n'ont même pas pu, dans un cadre identique, y ajouter. Selon Bayley et Van Alstyne, le niveau de culture scolaire ou universitaire des parents permet de fonder une meilleure prévision concernant la valeur intellectuelle de l'enfant quand il aura dix ans que tous les baby-tests appliqués à celui-ci dans le plus jeune âge où, moins marqué par le milieu, il serait, si l'expression avait un sens, plus proche de lui-même. Selon Skeels, les enfants des mères débiles mentales qui sont placés dans des familles adoptives normales accèdent à un quotient intellectuel au moins égal à celui de la population dans son ensemble. Ce résultat confirme celui de Freeman, Holtzinger et Mitchell qui, dans leur étude, signalaient aussi que certains sujets placés étaient des enfants de parents arriérés et qu'aucun d'entre ces jeunes recueillis, pourtant, ne présentait une déficience mentale caractérisée. Selon Ruth Benedict et Gene Weltfish enfin, les Noirs, réputés par le racisme inférieurs sur le plan de l'intelligence, ont accompli, lorsqu'ils étaient instruits, dans certains États du Nord des États-Unis, des performances supérieures à celles des Blancs instruits de certains États du Sud. Le célèbre manuel de psychologie de Carmichaël croit légitime de supposer l'intervention, ici, de la « migration sélective » : les meilleurs Noirs, les plus doués, les plus actifs ayant dû trouver en eux la force d'aller s'établir dans les territoires où la ségrégation est la moins forte. On aurait pu en rester là, si la réfutation par expérience — et dont le manuel ne souffle mot — n'était venue briser en miettes cette hypothèse désespérée. On en prendra conscience à la lecture de « Negro intelligence and selective migration » de Otto Klineberg : l'enquête scolaire et sociale sur ceux qui furent jadis dans le Sud, et qui ont fui, manifeste que ce ne sont pas en majorité les plus intelligents ou les mieux armés qui s'évadent de l'étouffant contexte — bien au contraire — et que l'idée d'un départ des plus aptes ne s'établit sur aucun fondement.

Remarquons au passage que le racisme lui-même reposait sur la théorie d'une hérédité du comportement liée sans recours à l'hérédité d'une physiologie. Il se présentait comme une variante, plus vague, de la théorie de « l'hérédité psychologique » puisqu'il supposait la *fréquence statistique* de qualités transmises par les lignées familiales d'un certain type. Il n'est plus, aujourd'hui, qu'une passion, qu'un produit de l'angoisse, que l'opinion névrotique de ceux qui, par faiblesse, ne peuvent ouvrir les yeux sur l'univers de la preuve — et l'on sait, par exemple, comment la psychiatrie révèle les liens étroits qui très souvent unissent l'attitude de racisme à l'attitude de pédérastie. Toute la confusion des anciens débats tenait à ce que, dans les questions d'hérédité et d'héritage, en décrivant la famille — ou le groupe ethnique — c'est-à-dire un ensemble de bagages chromosomiques, mais, *simultanément,* un milieu culturel, on prétendait ne parler que de biologie. C'est pourquoi la psychologie sociale a tenté d'ériger, en fin de compte, et comme un suprême tribunal, un système d'étude de la gémellité.

De même que la génétique renvoie, nous l'avons vu, puisqu'elle y prend appui, à la sociologie des familles, la sociologie des familles, à son tour, renvoie à la connaissance des jumeaux. Pourquoi ? Pour cette raison simple que les jumeaux vrais d'une part, les jumeaux faux de l'autre, constituent, dès l'instant où on les compare, le terrain d'une « expérience cruciale », si tant est qu'il puisse y en avoir. Les jumeaux univitellins en effet — ou homozygotes — résultent de la bipartition d'un même ovule et ont un fonds chromosomique commun. Les jumeaux bivitellins — ou hétérozygotes — sont le produit de la fécondation séparée de deux germes et sur le plan de l'hérédité ne sont pas plus semblables entre eux que ne le sont les siblings, c'est-à-dire les frères non-jumeaux. Les définitions étant posées, voici le sens, fort clair, de l'entreprise : si l'on parvenait à montrer que les ressemblances psychologiques sont plus fortes en moyenne entre jumeaux identiques qu'entre jumeaux fraternels, les uns et les autres subissant pourtant *également* l'influence de leur milieu, on aurait, en l'isolant idéalement, manifesté ainsi l'action du génotype. Dans cette expérience en pensée, le milieu et l'hérédité étant en principe séparables, on pourrait déduire l'action de celui-là et de celle-ci par simple soustraction.

De très nombreuses recherches de cet ordre ont été conduites par les psychologues et surtout à propos de l'intelligence. Un fait tout d'abord frappe. C'est que les ressemblances entre les vrais jumeaux diminuent brusquement lorsqu'on passe du plan « physique » au plan « psychologique ». Selon que des jumeaux identiques ont été ou non élevés séparément, cela n'introduit, on s'en doute, qu'une variation légère dans l'indice de corrélation concernant, par exemple, la largeur de la tête. Il n'en va pas de même pour le quotient d'intelligence. D'emblée se trouve posée, de nouveau, la question de la relation du psychologique au physique qu'un déterminisme simpliste avait décrite comme une relation d'effet à cause. La théorie raciste qui faisait dépendre, au siècle dernier, l'intelligence de la forme du crâne s'est effondrée devant le progrès de l'anthropologie (les primitifs Cafres sont dolichocéphales, comme les Germains) et devant ceux de la psychologie elle-même (les meilleurs élèves des universités américaines ne sont pas en proportion significative dolichocéphales). On peut dire, de la même façon, que le rapport entre la force de l'esprit et le poids du cerveau, s'il est avéré dans l'échelle des espèces, ne l'est nullement à l'intérieur d'une espèce considérée. Certes, il est impossible de ne pas admettre des conditionnements plus fins comme ceux que l'on invoque, par exemple, en parlant de plus ou moins grande « fragilité nerveuse » ou en faisant allusion à l'apport des glandes à sécrétion interne. Mais, ici encore, si la vie mentale dépend, incontestablement, des conditions organiques, il faut admettre en retour que la vie organique dépend aussi de l'existence totale. On a longtemps cru que le taux, plus faible que le nôtre, du métabolisme basal chez les Chinois était la cause de leur tranquillité et de leur « sagesse », mais celui-ci s'élève dès qu'ils vivent à San Francisco comme il s'abaisse pour nous-mêmes dès que notre séjour se prolonge en Extrême-Orient. C'est cette relation complexe de la corporéité et de l'existence que nous enseigne aussi, fort nettement, la psychiatrie des névroses, de celles entre autres, où le malade, selon l'illustre formule, « fabule avec son corps », et peut réaliser *toutes* les maladies ; c'est ce que continue de vérifier la médecine psychosomatique lorsqu'elle souligne le caractère psychogène de certains eczémas ou de certains ulcères peptiques. Parce qu'il n'existe pas de « physiologique pur » — pas plus que de « psychologique pur » — on comprend que la lecture d'une *corrélation* entre fait physiologique et fait psychologique ne soit pas lecture de *causalité linéaire,* mais toujours constatation d'*interdépendance*. On comprend aussi pourquoi, entre le donné héréditaire organique et le fait de comportement, on ne rencontre pas chez les jumeaux univitellins ayant vécu en milieux distincts les identités terme à terme que les opinions précritiques, autrefois, avaient laissé supposer.

Au moins les ressemblances subsistent-elles plus grandes, dans tous les cas, entre jumeaux identiques qu'entre jumeaux fraternels? Il le paraît, de prime abord, surtout dans la région de l'intelligence, bien que les résultats varient selon les genres d'épreuves — test numérique ou test verbal — , et selon les observateurs. Regardons de plus près. Newman, Freeman et Holtzinger, comparant des quotients intellectuels, rencontraient des différences semblables entre les faux jumeaux (9,9) et entre les vrais jumeaux élevés loin l'un de l'autre (9,8). Un facteur individuel, en outre, intervient manifestement, comme le constate Newman, lorsqu'il note entre deux jumeaux monozygotes, dans l'ordre de ce quotient intellectuel, une distance de 97 à 130. Dans la région du caractère, les recherches se sont révélées plus délicates. On a d'abord voulu étudier les jumeaux criminels — la notion de crime demeurant du reste assez floue —. Le « Verbrechen als schicksal » de Lange, en 1929, s'appuyait sur une statistique de 30 cas. En 1959, selon Robert Weill, les enquêtes portaient sur 222 cas groupant 111 paires de jumeaux uniovulaires et 111 paires de jumeaux diovulaires. Or, chez les vrais jumeaux, 80 paires sur 111 avaient 2 criminels, contre 38 sur 111 pour les faux jumeaux et les concordances allaient en ordre décroissant lorsqu'on passait des jumeaux identiques (72 %) aux jumeaux fraternels (34 %) et aux siblings (8 %). Nous pouvons y déceler l'action du milieu : du point de vue génétique, les jumeaux hétérozygotes ne se ressemblent pas plus que ne se ressemblent entre eux les siblings. D'où vient donc que la criminalité du couple est plus fréquente chez ceux-là que chez ceux-ci ? C'est manifestement que l'éducation reçue par deux êtres physiquement similaires les homogénéise, alors que celle à laquelle sont soumis deux êtres physiquement plus opposés tend à les différencier. D'autre part, les discordances — il en est toujours, et de nombreuses — sur le plan intellectuel comme sur le plan affectif pulvérisent les anciennes thèses du déterminisme héréditaire. Chaque fois qu'il y a discordance, la conclusion peut prendre la forme d'un dilemme : ou bien la constitution héréditaire des deux frères univitellins est également favorable et la lenteur psychique ou la déficience affective de l'un dépend donc de conditions exogènes ; ou bien les deux constitutions sont également défavorables et l'un des frères a trouvé un secours dans une circonstance qu'il faut bien qualifier encore d'exogène. Quelle que soit la solution adoptée, il n'est pas de réponse satisfaisante possible dans le seul circuit de l'hérédité.

Tout s'éclaire si l'on examine la situation de gémellité identique, d'un point de vue psycho-social. Les jumeaux vrais se reconnaissent à la similitude que présentent leurs visages — couleur d'yeux, structure d'oreille, teinte et distribution de cheveux, forme de tête —. L'existence d'un seul placenta et un seul chorion à la naissance n'est qu'un indice, non décisif. Ainsi, toute statistique concernant les monozygotes enveloppe des faits de ressemblance physique et, simultanément, les conséquences d'une réaction assimilatrice du milieu pédagogique. L'entourage a tendance à traiter de même manière ceux qui s'offrent au regard dans une indifférenciation objective. On ne s'étonnera pas que les études de ce genre avouent en conclusion ce qu'on leur avait confié dans les prémisses, lorsqu'on se borne à considérer des phénomènes très liés à l'action éducative comme la criminalité ou la délinquance. Il faut dire plus : en dépit de l'uniformisation due à l'attitude des tiers, le couple, si l'on veut bien l'observer avec plus d'attention et de scrupule, laisse percer ses dysharmonies. On l'avait noté déjà, au sujet des frères « Siamois » Chang et Eng dont la rocambolesque histoire fut célèbre au xixᵉ siècle. Zazzo a dit, remarquablement, comment on devait « renverser les perspectives ». Il a montré, au niveau de la personnalité profonde, que les jumeaux vrais échappent à la fascination du double, au vertige du pseudo-miroir, que chacun d'eux s'individualise dans son rôle et, intériorisant son expérience, développe malgré les mêmes patrimoines, héréditaire et culturel, une personnalité *originale*. Ainsi, le donné biologique héréditaire doit recevoir un sens des influences sociales et celles-ci admettre à leur tour l'intervention de cet élément inaliénable : la conscience. Tout se passe comme si le milieu libérait ou bloquait des puissances génotypiques et comme si ce milieu lui-même n'agissait que par la vue qu'en aurait l'être humain selon son option fondamentale. L'hérédité, le milieu ne sont pas des réalités indépendantes dont les actions s'ajouteraient, ce ne sont pas des variables autonomes, ce sont les deux pôles d'une dialectique que fait naître et qu'organise cette « lumière de part en part » qu'est le sujet. Criblée d'objections, l'idée d'une « nature » psychique individuelle dans l'homme s'effondre comme le donjon symbolique de la pensée d'un autre âge.

II. — L'HÉRÉDITÉ DE L'ESPÈCE

Au moins chaque sujet humain a-t-il, héréditairement, en lui, les dispositions et les élans de son espèce ? Au moins demeure-t-il ce « fonds spécifique » qui fait qu'un enfant d'homme n'est pas un rejeton de singe ou de fourmi ? En vérité, la notion de « nature humaine universelle » comme la notion de « nature humaine individuelle » doit être soumise à l'examen critique. Rien n'est plus suspect, ici encore, que les évidences immédiates. Le xxᵉ siècle — où l'ethnologie s'est développée, comme l'histoire — en nous plaçant face aux civilisations « primitives » ou mal connues jadis, a fait voler en éclats les convictions naïves. Toutes les études de l'anthropologie culturaliste américaine, par exemple, sont venues ébranler les certitudes de l'ignorance en révélant l'infinie diversité humaine. Il est possible de prendre conscience de cette diversité à la fois dans l'ordre synchronique ou statique et dans l'ordre diachronique ou dynamique (ce dernier touchant soit l'évolution des sociétés soit celle de l'enfant et de l'adolescent en un peuple.)

Dans l'ordre synchronique, les notations abondent qui réfutent la thèse d'une exacte similitude spécifique et toutes montrent comment l'éducation modèle la personnalité de base — l'intelligence et le caractère ethniques —. L'homme reçoit du milieu, d'abord, la définition du bon et du mauvais, du confortable et de l'inconfortable. Ainsi le Chinois va-t-il vers les œufs pourris et l'Océanien vers le poisson décomposé. Ainsi, pour dormir, le Pygmée recherche-t-il la meurtrissante fourche de bois et le Japonais place-t-il sous sa tête le dur billot. L'homme tient aussi, de son environnement culturel, une manière de voir et de penser le monde. Au Japon, où il est poli de juger les hommes plus vieux qu'ils ne paraissent, même en situation de test et de bonne foi, les sujets continuent de commettre des erreurs par excès. On a montré que la perception, celle des couleurs, celle des mouvements, celle des sons — les Balinais se montrent très sensibles aux quarts de ton par exemple — se trouve orientée et structurée selon les modes d'existence. On peut en dire autant de la mémoire — toujours thématique — et de l'ensemble des fonctions cognitives. L'homme emprunte enfin à l'entourage des attitudes affectives typiques. Chez les Maoris, où l'on pleure à volonté, les larmes ne coulent qu'au retour du voyageur, jamais à son départ. Chez les Eskimos, qui pratiquent l'hospitalité conjugale, la jalousie s'évanouit, comme à Samoa ; en revanche, le meurtre d'un ennemi personnel y est considéré normal, alors que la guerre, — combat de tous contre tous, et surtout contre des inconnus — paraît le comble de l'absurde ; la mort ne semble pas cruelle, les vieillards l'acceptent comme un bienfait et l'on s'en réjouit pour eux. Dans les îles d'Alor le mensonge ludique est tenu pour naturel : les fausses promesses à l'égard des enfants sont le divertissement courant des adultes. Un même esprit de taquinerie se rencontre dans l'île de Normanby où la mère, par jeu, retire le sein à l'enfant qui tète. La pitié pour les vieillards varie selon les lieux et les conditions économico-sociales : certains Indiens, en Californie, les étouffaient, d'autres les abandonnaient sur les routes. Aux îles Fidji, les indigènes les enterraient vivants. Le respect des parents n'est pas moins soumis aux fluctuations géographiques. Le père garde le droit de vie et de mort en certains lieux du Togo, du Cameroun, du Dahomey ou chez les Négritos des Philippines. En revanche, l'autorité paternelle était nulle ou quasi nulle dans le Kamtchatka précommuniste ou chez les aborigènes du Brésil. Les enfants Tarahumara frappent et injurient facilement leurs ascendants. Chez les Eskimos — encore eux — le mariage se fait par achat. Chez les Urabima d'Australie un homme peut avoir des épouses secondaires qui sont les épouses principales d'autres hommes. A Ceylan règne la polyandrie fraternelle : le frère aîné se marie et les cadets entretiennent des rapports avec la femme. La prohibition de l'inceste est un fait de toutes les sociétés mais aucune ne le définit de la même façon et ne fixe identiquement les exclusives. L'amour et l'attention de la mère pour l'enfant s'effaçaient dans les îles du détroit de Torrès et dans les îles Andaman où le fils et la fille étaient offerts volontiers aux hôtes de la famille, comme des cadeaux, ou aux voisins, en signe d'amitié. La sensibilité dite « masculine » ici, peut être, ailleurs, une caractéristique « féminine » comme chez les Tchambuli, par exemple, où la femme, dans la famille, domine et assume le rôle de direction. L'« animisme » enfin, qui semble lié, selon Piaget, à la mentalité enfantine, apparaît beaucoup moins sensiblement chez certains primitifs qu'en notre société occidentale où, remarque Margaret Mead, les adultes en sont parfois complices.

Les peuples ont développé un « style de vie » que chaque individu, en eux, tient — non sans réagir, du reste — pour un prototype. C'est l'action de l'entourage et du « modèle social » que, mieux qu'aucun autre auteur, Margaret Mead a su mettre en évidence. A Bali les habitants sont schizoïdes et témoignent d'une grande indifférence à l'égard des avatars heureux ou malheureux de l'existence. A la source du schizoïdisme, il y a la tradition historique d'une éducation incohérente qui fait alterner au hasard les bons et les mauvais traitements. On cajole l'enfant et, brusquement, on l'abandonne et le laisse à ses pleurs. Les aînés perpétuellement le déçoivent, en se jouant de lui. Peu à peu, il se détache de cet entourage décevant et considère le temps comme une série de successions contrastées où tout peut se substituer à tout, et comme « une continuité indéfinie ne menant vraiment nulle part ». On retrouve, au niveau des choix historiques d'un peuple, l'expression de la spontanéité humaine. Les hommes inventent des solutions multiples aux problèmes de leur locomotion, de leur habitat, de leur alimentation, de leur habillement et ils n'inventent pas moins de solutions dans le domaine des relations à soi-même et à l'autre. A ceux qui pourraient croire que ces choix historiques nous replacent face à la race comme principe explicatif, c'est-à-dire face à une hérédité biologique particulière, toute l'anthropologie répond par la voix de Ruth Benedict qu'il ne saurait être question d'y songer. D'abord les civilisations sont mortelles, tels peuples resplendissent provisoirement dans une gloire précaire et retournent à l'ombre initiale : ainsi en fut-il de cultures africaines fastueuses, celle de l'Égypte antique, celle de l'Éthiopie au début de l'ère chrétienne ou du Bénin au xve siècle. Ensuite, comme dans le cas des jumeaux élevés séparément, les sciences de l'homme disposent d'une possibilité d'« expérience cruciale » par l'examen de populations émigrées ou déplacées. Soit les Zuñi et les Kwakiutl, Indiens, de *même race* : groupés dans des « réserves » distinctes, ils se sont orientés vers des modes de comportements parfaitement opposés. La société **Zuñi** est calme, paisible, sereine, possède des protocoles religieux complexes ayant une valeur en eux-mêmes, cultive la courtoisie, l'affabilité, la modestie. La société **Kwakiutl** est agitée, tourmentée, compétitive, méprise le formalisme rituel au profit d'un culte extatique, entretient l'agressivité, la rudesse, l'arrogance. Chez les Zuñi on ne connaît pas le suicide, chez les Kwakiutl il est fréquent. Avec les premiers s'offre, comme un étalon, dit Benedict, la « civilisation apollinienne », avec les seconds, la « civilisation dionysienne » pour parler comme Nietzsche, ou « faustienne » pour parler comme Spengler. La race, commune aux deux peuples, a donc *permis les contraires,* c'est-à-dire qu'elle ne joue qu'un rôle négligeable dans les conduites, si tant est qu'elle en joue un. On sait qu'il n'y a de vérité scientifique qu'au-delà du négligeable. Si l'on ne peut nier de front l'influence de l'hérédité raciale c'est de la même manière qu'on ne peut contester *a priori* l'influence des signes du zodiaque sur la destinée ou de la position de Saturne sur la température d'ébullition de l'eau. On a dépensé des trésors d'imagination pour persuader, jadis, de l'action du donné biologique dans les faits ethniques. Que reste-t-il aujourd'hui de tout cela ? Absolument rien. A l'inverse, on avait affirmé l'existence d'une « nature » unissant, en dépit des différences, tous les hommes de la terre. Que reste-t-il, là encore, de cette autre hasardeuse notion ? Peut-être pas grand-chose.

La démonstration selon l'espace se doublerait aisément d'une démonstration selon le temps. Que dans l'esprit de Sade, Sparte et Lacédémone aient favorisé le vol et le meurtre comme exercices d'une vertu guerrière ; que les anciens Tartares aient honoré la prostitution ; que les républicains de la Grèce n'aient pas fait crime de l'adultère ni du suicide ; que les Thébains, les Crétois, les Perses, les Gaulois aient révéré la sodomie comme Lesbos le saphisme, et tout cela se convertissait en justification d'un hédonisme affolé. L'erreur du divin marquis était double. D'abord parce qu'il pratiquait une sélection arbitraire et composait un « homme éternel » mutilé seulement disait-il par les grandes religions ; ensuite parce que le problème éthique, pour ceux qui prennent conscience du pluralisme anthropologique, consiste justement à choisir ce qui va dans le sens d'un rétrécissement de la souffrance et d'un agrandissement de la liberté — pour soi, donc pour tous. Mais il reste vrai que l'histoire brise en milliers de facettes l'image qu'on serait tenté de se donner de l'homme.

La dimension temporelle autorise une autre présentation du relativisme, présentation plus nouvelle, et que le culturalisme exploite en paidologie ou en hébélogie. La psychologie — surtout en Europe — insiste sur les phases par lesquelles l'être jeune passe pour que l'homme s'accomplisse. Or ces phases sont plus ou moins perceptibles selon les cultures, et leur signification varie. Dans les sociétés où le sevrage se fait tardivement, ou très progressivement, le complexe qui l'accompagne ailleurs peut être considérablement atténué voire impalpable comme à Trobriand où la phase anale, du reste, n'apparaît pas et où on ne connaissait aucune liaison entre la libido et l'analité avant la venue des blancs. Freud considérait un autre complexe, l'Œdipe, comme universel. Or Kardiner a signalé qu'il est invisible dans les sociétés des îles d'Alor où les parents s'intéressent très peu à leur progéniture, négligent de lui donner des soins, lui laissent une grande autonomie et la privent d'avoir avec eux ces contacts étroits qui sont sources de conflits. Margaret Mead ne peut décrire non plus le complexe chez les Mundugumor où les mères haïssent leurs enfants, ont horreur de les nourrir et marquent une hostilité dans la façon même de les porter sans les soutenir, les laissant s'accrocher à leur cou et pendre, comme ils le peuvent, dans leur dos. Cette attitude maternelle contraste radicalement avec celles, affectueuses, des femmes Arapesh ou des femmes Pilaga d'Argentine qui endorment le bébé au sein, ou encore des femmes Pijentara d'Australie centrale qui, relate Roheim, sommeillent sur leur enfant comme si elles le couvaient. Une controverse entre Jones, freudien orthodoxe, et Malinovski s'est élevée sur le même thème et à propos des Trobriandais. Le complexe d'Œdipe, avait montré Malinovski, ne se manifeste pas selon le schéma classique à Trobriand où l'époux ne se croit pas responsable de la naissance de l'enfant et a du reste un rôle effacé au sein de la famille, où l'autorité est assumée par l'oncle maternel, où l'obéissance aux ascendants n'est pas obligatoire, où les jeux sexuels publics apparaissent dès quatre ans chez les filles, dès six ans chez les garçons, où l'enfant, enfin, ne trouve pas dans le père un rival sérieux face à la mère. Jones prétendait que le complexe trobriandais — hostilité pour l'oncle, amour de la sœur — était un camouflage du vrai complexe que la psychanalyse des sujets aurait d'ailleurs pu révéler. Malinovski répondait, justement, que l'absence de manifestation considérée comme une preuve de refoulement plus profond installait la psychanalyse au-delà de l'observable et du démontrable c'est-à-dire au-delà de la science. La psychanalyse, aujourd'hui, « est devenue plus sensible, dit Lagache, à la complexité des interactions entre maturation et entourage », elle considère que les stades « ne sont peut-être que des artefacts d'origine culturelle ». Lacan lui-même, tout en signalant que les sociétés sans Œdipe périclitent, reconnaît que le complexe n'est sans doute pas universel.

On pourrait en dire autant de la phase de latence qui, de six à onze ou douze ans, conduit l'enfant de la liquidation de l'Œdipe à la « crise de puberté ». Trobriand ignore la latence et, pour le monde occidental, son phénomène est plus net, du reste, dans la bourgeoisie que dans le prolétariat. La « crise » de puberté elle-même semble absente de la vie des Trobriandais, comme de celle des Samoens ou encore des Tanala de Madagascar chez qui l'enfant est propriétaire à cinq ans et le statut d'adulte atteint par insensible progression. Le bouleversement et les angoisses de l'adolescence viennent de ce que, dans les sociétés d'Occident, l'être dont la place et les rôles sont mal définis éprouve la difficulté de vivre selon des lois d'exigences contradictoires. La puberté, d'ailleurs, peut être accueillie par le sujet de manière très différente selon l'interprétation qu'en suggère l'entourage. Merleau-Ponty, commentant Helen Deutch, disait que la révolution pubertaire en psychologie pouvait se penser comme la révolution politique en histoire. Des conditions matérielles et des attitudes spirituelles entrelacées donnent au phénomène son sens. L'éducation sexuelle ne suffirait pas à supprimer le drame, du reste : on a beau savoir l'événement, encore faut-il le vivre. Le milieu, en tout cas, peut rendre cette puberté terrifiante ou adorable. En beaucoup de peuples ce moment de la vie apporte l'angoisse parce qu'on le rend symbolique et qu'on lui associe les rites initiatiques. Chez les Indiens de l'Amérique du Nord centrale on invite le jeune garçon à découper des bandes de chair dans ses jambes et dans ses bras, à se trancher des doigts ou à porter des fardeaux suspendus par des crocs à la poitrine. En Afrique, chez les Nandi, on l'incite à supporter dans l'immobilité et sans un cri la circoncision. En Colombie britannique, chez les Indiens Carriers, la fille pubère est objet de dégoût, on l'éloigne de la tribu et, pendant trois ou quatre ans, on la séquestre. On imagine sans peine que l'aventure se vivra tout au contraire dans la quiétude chez les Apaches où les premières gouttes de sang sont perçues comme promesses de récolte et de fécondité et où les prêtres vont à genoux implorer les fillettes de les effleurer de la main.

Avant que l'homme n'ait suffisamment promené une curiosité scientifique en tous les points de la terre, il était périlleux de proposer un schéma des invariants de l'humanité. Il est moins présomptueux aujourd'hui de se risquer à l'entreprise. Il n'est pas, on vient de le voir, de « nature » humaine au sens où il existe des « natures » chimiques, lesquelles admettent, une fois pour toutes, des définitions par propriétés. Mais il demeure que l'homme, en société, actualise des possibilités qui le différencient sans conteste de l'animal supérieur. On pourrait, par hypothèse, considérer comme tenant à l'hérédité spécifique ces possibilités omnispatiales et omnitemporelles. Elles seraient au nombre de trois dans le domaine de l'intelligence si l'on sait lire Köhler, et au nombre de trois, également, dans le domaine de l'affectivité, si l'on en croit Lévi-Strauss.

D'abord, l'intelligence de l'homme, dès qu'on la confronte avec celle de l'inévitable chimpanzé, manifeste comme caractéristiques la liberté dans le temps et l'espace, la pensée de la pure chose, la capacité

35

combinatoire. Liberté dans l'espace — parce que le singe qui contourne facilement un obstacle pour aller vers la proie, éprouve la *difficulté*, s'il est encagé, de repousser d'abord par instrument cette même proie afin de l'amener ensuite à portée de soi. C'est que le but, en ce second cas, ne peut plus être perçu comme un appel lancé au sujet moteur, mais doit être conçu comme un objet susceptible de parcourir le trajet d'un détour, susceptible donc d'être saisi en tant que réalité substituable au corps et tout à fait équivalente à lui dans l'ordre géométrique. Où l'enfant triomphe sans peine, l'animal le plus doué réussit dans l'incohérence des mouvements. Liberté de l'homme dans le temps, parce que l'anthropoïde ne réalise ses tours de force qu'enfermé en son présent c'est-à-dire, plus précisément, fasciné par le donné visuel. L'animal, pour agir, notamment avec un bâton, paraît soumis à ce que Merleau-Ponty appelle la « nécessité du contact optique », et l'ustensile, dit Wallon, demeure « occasionnel, partie d'un ensemble provisoire qui doit être dans le champ perceptif ». Wallon ajoute : « la forte individualisation n'appartient pas à l'instrument du chimpanzé ». Les animaux supérieurs se servent de médiateurs comme de prolongements de leurs membres, *hic et nunc*, et la position initiale de ces auxiliaires par rapport au but n'est du reste pas sans importance. Lorsque des branches vont être brisées pour servir de perches c'est que l'appât n'est pas loin. Le singe ne cesse, dans l'agitation, de le regarder, hésite, va et vient, s'arrête de multiples fois, donnant à l'opération son allure incertaine et hoquetante. Surtout l'instrument ne constitue pas dans le monde de l'animal un véritable *outil*, un capital technique, et l'on n'a jamais vu de singe partir, un bambou sur l'épaule, à la

36

recherche d'une proie quelconque. L'homme, au contraire, s'évade de la prison du « maintenant », et s'ouvrant à l'idée d'un temps sans limite, a pu former le concept de Dieu, fabriquer des outils destinés à en fabriquer d'autres, et disposer du langage, qui implique la conscience du *possible* et l'installation dans le *virtuel*. Ce n'est pas un hasard, ou une conséquence seulement de la misère phonématique qui fait que le singe, même élevé dans des conditions optimales par les Kellog ou, plus récemment, par les Hayes, n'a pu atteindre à la souplesse de communication de l'enfant sourd-muet ou à la puissance d'expression du bambin dessinateur. Pensée de la pure chose chez l'homme, vision d'une réalité lourdement investie d'un sens chez l'animal, voilà ce que Köhler, en second lieu, nous invite à retenir de ses expériences. Un chimpanzé a du mal à percevoir une caisse-siège sur laquelle un congénère est assis comme caisse-échelle-éventuelle dont il pourrait tirer profit pour atteindre un objet. Si l'on veut bien ne pas retenir le motif de politesse, il faut admettre que le monde se présente pour l'animal comme un réseau de valeurs définies. A l'homme, les objets peuvent apparaître dans la neutralité de leurs déterminations physiques et se laisser ainsi assigner, à volonté, un pluriel de fonctions. A l'animal les objets se présentent sans équivocité, sans plurivalence, et le monde toujours comme un *milieu,* jamais, à aucun moment, comme un *univers.* Capacité combinatoire chez l'homme enfin, et impuissance à composer les forces chez l'animal, telle est la dernière leçon köhlerienne. C'est pourquoi le singe ne construit pas spontanément de ponts avec une planche et des caisses. Penser le pont c'est penser que le vertical est aussi important que l'horizontal dans l'affaire de la traversée. De la même façon, l'anthropoïde ne désenroule pas les cordes passées autour d'une poutre ou ne retire pas un anneau suspendu à un piton. La réussite supposerait ici encore la conscience d'une connexion entre des mouvements successifs et opposés, soit d'une relation interne entre gestes différemment orientés, c'est-à-dire logiquement convergents alors même qu'ils sont pratiquement divergents. S'il est vrai qu'il faille entendre par intelligence la fonction de résolution des problèmes que n'ont prévu ni les *a priori* de l'espèce ni les montages de l'habitude, il est certain qu' « on ne peut parler, disait avec rigueur Merleau-Ponty, d'intelligence chez l'animal au sens où on l'entend chez l'homme ».

Même si l'on veut admettre que les singes supérieurs ont la possibilité, comme on l'a dit, « d'apprendre à apprendre », même si la Vicki des Hayes, a réussi à s'exhausser en six ans jusqu'au pseudo-langage à trois termes d'un idiot profond, les frontières animales sont très nettement assignables et ce que l'on peut remarquer concernant des aptitudes « intellectuelles » on le peut retenir aussi en ce qui a trait aux attitudes « affectives ». Ce sont ces attitudes que Lévi-Strauss signale comme présentes en l'homme, toujours, et en tout point de la terre, et qui le distinguent de la bête : l'exigence de règle, le vœu de réciprocité, le mouvement oblatif. L'homme en premier lieu, fait « appel à la règle pour échapper aux intolérables souffrances de l'arbitraire ». Il la réserve et la respecte en elle-même. Loin de nous rapprocher de l'anarchie, les sociétés primitives nous en éloignent plutôt par le souci minutieux de la coutume, et celui, vétilleux, du rite. L'homme souhaite en second lieu des contacts régis par une équivalence sinon des parts au moins des rapports parce que, dit Suzan Isaacs — que cite Lévi-Strauss —

quand on sait la suprématie impossible, on désire au moins l'égalité comme « plus petit commun multiple de tous les désirs et toutes les peurs contradictoires ». En troisième et dernier lieu l'homme pratique le don, par lequel autrui vire en partenaire et l'objet devient plus précieux. Le don est à la fois, d'ailleurs, expression d'un sentiment de puissance et d'un sentiment de précarité : la force triomphe du tremblant égoïsme, mais la faiblesse aussi se propose, par le cadeau, de ligoter autrui. A la limite il n'y a peut-être que la soif immense de la paix. L'homme l'étanche par l'invention de lois qui ne sont plus celles de la jungle et cherche l'établissement d'un *autre ordre*, au-delà de l'entre-déchirement. En dépit d'une évolution historique d'apparence buissonnante, l'ethnologie retrouve, sans doute, sous le chaos superficiel, l'effort que, dans des contradictions dramatiques, et sans se comprendre clairement lui-même, l'homme poursuit dans une seule direction.

Ainsi l'enfant recevrait-il au départ comme une hérédité de l'espèce, la vocation d'être intelligent, en même temps que celle de « reconnaître » son semblable. Il reste que la sextuple possibilité humaine que l'on peut dégager à la lecture de Köhler et de Lévi-Strauss — et plus généralement à la lecture des psychologues et des sociologues de notre temps — se réduit à une description de *l'homme en société.* Cette vocation de penser et d'admettre l'alter ego, suppose en effet l'environnement culturel. Elle ne s'esquisse pas chez l'enfant — nous le verrons — dans d'autres conditions d'entourage. Nous revenons à nos propositions initiales : il y a une constante humaine sociale, il n'y a pas de nature humaine, laquelle devrait être présociale au même titre que les natures animales. Même isolées dès la naissance, les bêtes — quelque grave dommage qu'elles subissent en la circonstance — conservent des instincts très nettement déterminés. D'autres instincts en elles se réveillent du reste si, après domestication, le hasard les rejette à l'existence sauvage. « Rien de tel, dit Lévi-Strauss, ne peut se produire pour l'homme car dans ce cas il n'existe pas de comportement *naturel* de l'espèce. » L'homme sans la société des hommes ne peut être qu'un monstre parce qu'il n'est pas d'état pré-culturel qui puisse réapparaître alors par régression. Les enfants « sauvages », ceux qui ont été privés trop tôt par hasard ou par dessein de l'atmosphère éducative humaine, ceux que l'on a abandonnés et qui ont survécu à l'écart par leurs propres moyens, sont des phénomènes de simple difformité. On se tromperait, dit encore Lévi-Strauss, si l'on voulait voir en eux « les témoins fidèles d'un état antérieur », soit voir en eux la nature avant toute culture. Les enfants « sauvages », ceux que Ruyer appelle plaisamment les « enfants-Tarzan » — qui n'ont d'ailleurs, nous le montrerons, aucune parenté psychologique avec le héros mythique et rousseauiste — nous donneraient la preuve ultime, s'il en était besoin, que l'expression « nature humaine » est absolument vide de sens.

Bien sûr, et nous reviendrons sur cette critique, on n'a pas manqué d'émettre des doutes quant à la fidélité des portraits et à l'authenticité des exemples. Nous voudrions — cette longue discussion ne visait pas d'autre but — poser d'abord une question de principe. Alors que tout, aujourd'hui, nous convie à concevoir le rôle irrécusable, fondamental, — sans précises limites — du milieu humain dans la formation de l'homme, doit-on continuer de s'étonner si, ce milieu venant à manquer, nous ne trouvons face à nous que

40

des spectres ? Depuis longtemps nous connaissons des « histoires » d'enfants « sauvages ». Elles ont d'abord choqué, comme on l'imagine, ceux qui croyaient à une nature dans l'homme. Des enfants qui ne se tenaient pas orgueilleusement debout, qui ne pouvaient, le moment passé, acquérir très facilement le langage, apparaissaient à l'examen préscientifique comme des anormaux biologiques, et frappés d'idiotie native. Car le scepticisme naissait à la seule lecture des témoignages : une telle arriération semblait ne pouvoir résulter que d'une faiblesse constitutionnelle. Nous le demandons simplement : qui aurait le front, maintenant, de prétendre qu'un enfant isolé prématurément, et longtemps privé du contact des adultes, se porterait spirituellement comme un charme, aurait l'allure altière et l'aptitude littéraire ou mathématique intempestives ? Nous prions les objecteurs de nous dire, dès l'instant où les peintures psychologiques d'enfants « sauvages » leur paraissent incroyables, comment leur génie littéraire se représenterait *a priori* les conséquences d'un isolement expérimental. A l'aube du XIXe siècle, Itard posait déjà cette question, comme un défi — et y répondait sans attendre : « si l'on donnait à résoudre ce problème de métaphysique : déterminer quels seraient le degré d'intelligence et la nature des idées d'un adolescent qui, privé dès son enfance de toute éducation, aurait vécu entièrement séparé des individus de son espèce... le tableau moral de cet adolescent serait celui du sauvage de l'Aveyron ». Ce « sauvage » de l'Aveyron dont Itard fit l'étude très fine, en deux mémoires, est demeuré le cas le plus illustre et le plus probant de tous ceux qui relèvent du même genre. Itard, moins obtus qu'un Victor Cousin, et dont les intuitions furent parfois prémonitoires disait encore : « Je ne doute pas que si l'on isolait dès le premier âge deux enfants, et que l'on en fit autant de deux quadrupèdes, ces derniers ne se montrassent de beaucoup supérieurs aux premiers dans les moyens de pourvoir à leurs besoins et de veiller à leur propre conservation. » Cent trente ans avant les Kellog, Itard parlait en psychologue moderne.

CHAPITRE II

LES COMPOSITIONS LÉGENDAIRES
ET LES RELATIONS HISTORIQUES

I. — LA LITTÉRATURE DE L'ISOLEMENT

Le lecteur comprendra comme nous que si des scrupules ont pu rejeter à la légende Homère, Socrate ou Shakespeare, les arguments n'ont pas manqué qui contestaient le fait des enfants isolés. Certes si on lit des récits de telles vies dans Hérodote, le père de l'Histoire, on en lit aussi dans les mythes antiques où Thyro vit parmi les génisses, où le jeune Zeus boit le lait de la chèvre Amalthée, où Remus et Romulus connaissent une louve pour nurse, où, à la chute de Rome, au temps de la conquête des Goths, par souci de symétrie littéraire, un bambin, au milieu des ruines, survit en s'accrochant aux mamelles d'un généreux animal. On n'aurait aucune peine à rencontrer non plus, dans les mythes germaniques, l'être sauvage et solitaire, en communion avec l'esprit de l'impénétrable forêt, cet être auquel la critique allemande voulut comparer le Rimbaud de Java, le Rimbaud-Gaspard Hauser, le Ur-Rimbaud dont parle ironiquement Etiemble à propos de Wolfenstein et de Rudolf Kurtz. Sans doute les

43

légendes perses sur les ours précepteurs ou japonaises sur les singes nourriciers expriment-elles des phantasmes séculaires. Sans doute aussi les Hollandais qui contèrent l'aventure d'une sirène que la mer rejeta sur la plage à Edam, au xvᵉ siècle, et qui prit goût à la filature, avaient-ils, eux, celui de la broderie. Il faudrait, malgré tout, à la manière de Max Müller ou de Frazer, envisager la part de vérité qu'enveloppe la pensée mythique qui, de la figuration du déluge à la narration de la Thébaïde exprime non seulement les métamorphoses de la nature mais encore les drames de l'homme et convertit en imaginaires des événements parfois très réels. Il faudrait surtout ne pas rejeter, en se précipitant sur les prétextes, les témoignages, sans distinction, parce qu'on a pu en découvrir de mensongers. De temps en temps, la presse se fait l'écho de la découverte d'un nouveau Mowgli qui attend un Kipling. Les portraits suspects abondent, mais non moins ici qu'en peinture. Nier, au nom de fallacieux exemples, la valabilité de tous ceux qui sont rapportés concernant l'extrême isolement revient à contester l'existence de Vermeer dès l'instant où l'on est convaincu de tenir en Megeren un faussaire.

Délaissant pour un moment la polémique — nous reviendrons à l'examen des faits — allons d'abord et simplement à la rencontre de tout ce qui, légendaire ou historique, fantaisiste ou digne de foi, constitue le dossier de l'affaire. On peut, en négligeant les textes de l'Antiquité et du Moyen Age, retenir ceux, plus proches de nous, qui consignent les phénomènes d'asocialité et vers quoi le xviiiᵉ siècle, notamment, a tourné son attention curieuse. Bernard Connor en historien, Buffon en naturaliste, Condillac en philosophe commencèrent de parler de ces enfants qui, souvent par accident, ont été privés d'une éducation continue et normale. Jean-Jacques Rousseau en 1754 dans le « Discours sur l'origine de l'inégalité » rappelle cinq de leurs exceptionnelles aventures :

« Les enfants commencent par marcher à quatre pieds et ont besoin de notre exemple et de nos leçons pour apprendre à se tenir debout... (l'enfant de Hesse) avait été nourri par des loups... Il avait tellement pris l'habitude de marcher comme les animaux qu'il fallut lui attacher des pièces de bois qui le forçaient à se tenir... en équilibre sur ses deux pieds... Il en était de même de l'enfant qu'on trouva... dans les forêts de Lithuanie et qui vivait parmi les ours. Il ne donnait, dit M. de Condillac, aucune marque de raison, marchait sur ses pieds et sur ses mains, n'avait aucun langage et formait des sons qui ne ressemblaient en rien à ceux d'un homme. Le petit sauvage d'Hanovre qu'on mena, il y a plusieurs années, à la cour d'Angleterre, avait toutes les peines du monde à s'assujettir à marcher sur deux pieds ; et l'on trouva... deux autres sauvages dans les Pyrénées qui couraient par la montagne à la manière des quadrupèdes. » Cinq ans plus tard, Linné reprend certains exemples de Rousseau et en ajoute quelques autres. Von Schreber et Michaël Wagner, dans le dernier tiers du siècle, portent à quatorze les cas d'isolement connus avant 1800, en Europe.

L'un des ancêtres est incontestablement l'enfant-loup de la Hesse (*juvenis lupinus hessensis*), sautant et galopant, découvert en 1344. Les loups avaient, raconte-t-on, creusé pour lui une fosse tapissée de feuilles et l'entouraient la nuit pour le protéger du froid. Après quatre ans d'existence sylvestre il eut un net éveil mental. En 1344, également, l'enfant-loup de Wetteravie trouvé dans le Hardt, forêt de la région d'Echzel en Bavière, regagnait la société des hommes où il devait manifester des progrès psychologiques assez considérables. Le premier enfant-ours de Lithuanie (*juvenis ursinus lithuanus*), découvert par des chasseurs, se défendant par la griffade et la morsure, grand amateur de choux, d'herbe et de chair, déchira, en 1661, les vêtements dont on tenta de l'affubler le jour de sa capture et, rapporte Valmont de Bonnare dans son Dictionnaire d'Histoire Naturelle, ne put jamais donner de signes d'adaptation authentique. L'herbe et le foin n'étaient pas moins le régal de l'enfant-mouton d'Irlande (*juvenis ovinus hibernus*), capturé en 1672 insensible au froid de la nuit et dont parle Nicolas Tulp — dont Rembrandt emprunta les traits pour le visage du professeur de la célèbre « Leçon d'anatomie. » — Le sauvage irlandais, agile, alerte — que Tulp avait vu à Amsterdam — avait, dit le médecin dans son style, « le front plat, l'occiput allongé, le gosier large, la langue épaisse, l'estomac enfoncé ». On a pu signaler, vers la fin du XVIIᵉ siècle également, une réplique de ce cas irlandais avec l'enfant-veau de Bamberg en Bavière (*juvenis bovinus bambergensis*) qui se battait à coup de dents avec les plus grands chiens et dont on dit qu'il s'éleva très nettement au-dessus de sa condition mentale initiale. Un deuxième enfant-ours de Lithuanie, signalé en 1694, fit mieux en apprenant non seulement à se tenir debout mais encore à parler, tandis que le troisième témoigna de plus d'appétit pour le pain que pour le langage. Capturée en août 1717 dans les bois, aux environs de Zwolle, dans la province d'Overysell en Hollande, vêtue d'un tablier de paille, la fille de Kranenburg (*puella transislana*) enlevée à seize mois, friande d'herbes et de feuillages, manifesta toutefois un vif intérêt dans la communication avec autrui, comprit les signes sans jamais pouvoir parler, apprit le travail du filage de la laine qu'elle pratiqua jusqu'à sa mort. Les enfants pyrénéens qui sautaient comme des chamois et qui défrayèrent les conversations locales de 1719 demeurent des exemples très imprécis, mais les apparitions, en 1724 et 1731 du sauvage Peter de Hameln, dans le Hanovre, et de la fille de Sogny, en Champagne, ont suscité une abondante littérature. Peter (*juvenis hannoveranus*) avait été abandonné dans la forêt par son père Krüger. Revenu au bout d'un an demander asile à la maison parentale, il n'y trouva que les coups d'une belle-mère sans pitié qui le chassa de façon définitive. Peu avant sa capture dans un champ, des bateliers l'avaient vu qui remontait la rivière. Il traînait sur son corps les lambeaux d'une chemise, et se nourrissait de végétaux et d'écorces. On tenta, lorsqu'il fut pris, de lui faire accepter du pain ; il le rejetait au profit de petits bâtons de bois vert qu'il pelait pour en savourer l'écorce. Cet étonnant vagabond qui s'égarait facilement, haïssait la détention et réussit plusieurs fois à s'évader, fut conduit chez George Ier à la cour d'Angleterre. Peter, qui devait vivre soixante-huit ans dans la société des hommes, semblait particulièrement sensible au rythme musical, supporta peu à peu les vêtements, fut capable de quelque imitation mais n'apprit jamais à parler. Son ascension paraît nulle dès qu'on la compare à celle de la « puella campanica ». L'enfant, juchée sur un pommier, fut aperçue, un soir de septembre, par les domestiques du château de Sogny. Parvenue d'un bond à s'échapper, elle fut, au terme d'une battue, cernée dans le bois voisin et descendit de son arbre pour venir boire en un seau, à la façon chevaline. Vêtue de chiffons, de peaux d'animaux, griffue et noire de crasse, elle tenait un gourdin.

Celle que l'on appellera plus tard Mademoiselle Leblanc, avait vécu avec une compagne qu'elle tua par accident. Habile à nager et à courir, mettant à ses menus les volailles, les grenouilles et les poissons, elle buvait avec délice, quand elle le pouvait, le sang des lapins. Longtemps elle avouera lutter avec difficulté contre son vampirisme. Cette fillette, d'abord capable seulement de creuser le sol avec ses ongles, apprit à parler chez les religieuses de Châlons-sur-Marne où l'évêque l'avait placée et où vint la voir la reine de Pologne. Conduite à la maison des Nouvelles Catholiques à Paris elle y reçut une autre auguste visite, celle du duc d'Orléans. Elle eut enfin l'idée, dans un couvent, à Chaillot, de devenir nonne. Sa santé seule l'empêcha de le faire. Jean de Liège (*Johannes Leodi- censis*) qu'on suppose avoir été privé seize ans de tout commerce avec les hommes, et dont les sympathies alimentaires allaient aux verdures et aux salades connut comme Peter, une évolution plus modeste Sans doute les antécédents de la solitude, le temps passé et la condition plus ou moins nette d'isolement jouent-ils un rôle déterminant en ce domaine puisque Tomko le demi-sauvage découvert à la limite de la Galicie, en Hongrie dans le comté de Zips, bien que très marqué à l'origine, comme le montrait son goût irrépressible pour les racines, la viande crue et les abats d'animaux, apprit à s'exprimer en slovaque et, en outre, à comprendre l'allemand. Cet individu, que les rapports d'un scribe de l'époque décrivent comme sexuellement indifférent et dans l'émotion agité de mouvements convulsifs, grandit en esprit malgré une santé défaillante qui laissa toujours présager sa précoce mort. Il eut une rivale, dans la littérature de l'isole- ment, en une fille-ourse, débusquée la même année

1767, à Fraumark, comté de Hont, en Hongrie, et qui fut conduite à l'hôpital de Karpfen.

Au crépuscule du siècle, en 1799, un autre enfant extraordinaire entra, d'abord timidement, dans l'histoire. Un mémoire de Jean Itard, en 1801, devait ouvrir, à son propos, une discussion qui dura tout au long du XIXe. C'était un enfant des bois, que l'on connaîtra sous le nom de *Sauvage de l'Aveyron*. Nous avons dit combien l'auteur considérait son cas comme instructif. Nous aurons aussi l'occasion de voir avec quelle minutie et quelle patience l'illustre médecin tâcha de le décrire. Quelque temps plus tard, on cita deux autres exemples, à vrai dire mal relatés, et, soudain, en 1828, Gaspard Hauser de Nuremberg devint l'un des personnages centraux de la petite et de la grande chronique du temps. Nous lui ferons également une place à part, tout à l'heure. Avec la fille-truie de Salzburg, qu'on éleva dans une porcherie, et qui garda toujours les jambes courbées comme une conséquence de sa longue position assise, s'achève la « période européenne » des cas d'isolement. L'attention, au moins, se déplace vers le sud de l'Asie où les conquérants anglais s'émerveillent d'un univers pittoresque. Très certainement, les conditions de vie misérable de l'Inde et les rapports plus étroits, en ses régions, entre le monde de l'homme et le monde de l'animal vouaient-ils plus facilement les enfants à la condition sauvage.

Avec le rapport de Sleeman, portant sur plusieurs enfants indiens, l'isolement va se placer, désormais, la plupart du temps, sous le signe de la louve antique. L'enfant de Husanpur tomba aux mains du rajah (1843). Ceux de Sultampur furent recueillis par le capitaine Nicholetts (1893) et le colonel Gray (1848) —

49

le premier « sauvage » mourut en 1856, le second s'enfuit et disparut dans la jungle. Celui de Chupra, enlevé en 1843 par une louve, reconnu à sa cicatrice au genou, six ans plus tard, faussa compagnie à Nicholetts en 1850. L'enfant de Bankipur, découvert par un certain Zulficar Khan, parvint à se faire comprendre par signes. Le dernier cas, relaté par le capitaine Egerton, reste, de tous, l'un des plus troubles. Au moment où ils furent réintégrés à la société humaine, selon la tradition, la plupart de ces quadrupèdes ne tolérèrent aucun habit et marquèrent un intérêt exclusif pour la viande crue. Ceux-ci lapaient les liquides, ceux-là partageaient les charognes avec les chiens. L'un d'entre eux accepta du pain et apprit à garder le bétail, un autre — qui adora fumer — sut allumer seul une pipe. On signala encore en Europe les deux enfants d'Overdyke, d'abord un enfant-porc, Clemens, qui manifestait une dilection particulière pour les verdures et qu'il fallut tenir longtemps éloigné des excitantes plates-bandes de salades, ensuite un enfant-loup, très habile à grimper aux arbres, à imiter le cri des oiseaux et à capturer pour sa subsistance les œufs et la progéniture des nids — habitude que personne, du reste, ne put lui faire abandonner. Dina Sanichar, de Sékandra, enfant-loup, nous reconduit aux Indes. En 1872, ce garçon saisi près de Mynépuri révélait à ses découvreurs une aptitude manifestement acquise à s'aiguiser les dents contre des os et refusait le contact de tout ce qui pouvait cacher sa nudité. Il n'apprit, en vingt-huit ans, qu'à se tenir debout, qu'à se vêtir un peu, qu'à préserver la propreté de son plat et de sa tasse et, comme l'un des héros de Sleeman, à pétuner incessamment. Un autre enfant de l'orphelinat de Sékandra, tout aussi carnivore, ne réalisa pas. après

1874, de meilleurs exploits. L'existence de l'un et de l'autre fut révélée par le Révérend Père Erhardt à Valentin Ball tout comme celle d'un nouvel enfant de Lucknow dont l'aîné avait été mentionné dans la liste de Sleeman. Cette peine à supporter que l'on couvre son corps fut partagée par l'enfant-loup de Kronstadt, mi-carnivore, mi-herbivore, pour sa part, et qui, extasié devant le son des pianos, ne sut guère apprendre qu'à remplir un broc d'eau. Quatre autres individus lupins des Indes furent décrits à la même époque : le premier en 1892, fille de Jalpaïguri, découverte par un missionnaire, le second en 1893, enfant de Batzinpur — près de Dalsingaraï — grand dévoreur de batraciens, rencontré par le Sémindar Shing, l'autre en 1895 — nouvel enfant de Sultanpur, dont on dit qu'il devint policeman — le dernier en 1898, l'enfant de Shajahampur, qui, en dépit de quatorze années de fréquentations humaines, demeura dans ses ténèbres. Cette révélation faisait suite à celle de la fille de Justedal et précédait celle de l'enfant-babouin d'Afrique du Sud prétendument déniché par la police montée, et de vingt-sept ans celles de Amala et Kamala, les filles-louves, adoptées, à Midnapore, par le Révérend Shing dont le journal de 150 pages leur valut la célébrité. De ces fillettes — de Kamala surtout — nous traiterons en détail, comme de Gaspar Hauser et Victor de l'Aveyron.

La même année 1920 on découvrit aux Indes un premier enfant-léopard, en 1927 l'enfant-loup de Maïwana, puis l'enfant-loup de Jhansi, enfin un second enfant-léopard à Cachar. L'enfant de Jhansi fut sauvé par un officier britannique de Gwalior. Un médecinchef militaire, le Dr Antia, se proposa de l'éduquer et parvint au moins à lui faire admettre la station debout. L'enfant de Cachar, rapporte Zingg — à qui les Cachari ont narré l'histoire — fut ravi, sous les yeux de sa mère qui coupait du riz dans un champ, par un léopard-femelle dont on avait tué quelques jours auparavant les rejetons et qui n'avait, depuis, cessé de rôder autour du village de Dihungi. Trois ans plus tard, l'enfant fut trouvé, presque aveugle, la peau durcie aux genoux et aux mains, avide de viande crue, chassant les volailles, mordant et se débattant dès qu'on l'approchait et le touchait. Reconnu par sa famille, repris par elle, il put, par la suite, se tenir sur ses seules jambes. Si l'on en croit Demaison, un enfant sauvage vécut entre Dakar et la Guinée, avant guerre et, dans les années 30, également au Libéria, une fille « issue de la forêt ». Un nouvel enfant-loup devait être connu de Hutton en 1939, une année avant que Davis ne se penchât sur le problème d'Anna de Pennsylvanie et Maxfield sur celui d'une autre fillette de l'Ohio, ayant subi une claustration prolongée. En 1946 un enfant-gazelle apparut dans le désert de Syrie. En 1954, 61 et 63, l'actualité fut indienne encore avec Ramu, dont l'aventure souleva les controverses, perse avec l'enfant de Téhéran puis saharienne avec l'enfant de Mauritanie.

Tel est, actuellement, l'ensemble des cas que peut offrir au lecteur la littérature spécialisée. Il nous paraît indispensable maintenant de rechercher par-delà la diversité des phénomènes relatés sinon des constantes du moins des dominantes statistiques. Comment se présente, dans la légende ou dans l'histoire, l' « homo ferus » linnéen, l'homme sauvage, — en anglais le « feral man » ? Deux des caractéristiques retenues par Linné semblent s'imposer tout d'abord. L' « homo ferus », pour reprendre les expressions du « Systema Naturae » est, généralement, « tetrapus » (quadrupède) et « mutus » (sans parole). Linné le disait aussi

« hirsutus » (velu) par une extension abusive puisque quelques-uns seulement des cas décrits — notamment, le deuxième enfant de Lithuanie ou la fille de Kranenburg, et, plus tard, l'enfant de Husimpur, l'enfant de Shajahampur, l'enfant de Kronstadt — se présentent avec un système pileux remarquablement pléthorique. Cette villosité consignée n'est peut-être qu'une survivance livresque : Rousseau y aurait vu un souvenir d'Aristote qui décrivit ainsi l'homme à son commencement ; ou n'est peut-être encore que le résultat d'un mensonge de tréteaux forains : les individus atteints d'hirsutisme ayant souvent été présentés par les bateleurs comme des zoanthropes. A ce sujet, on lira avec profit l'ouvrage sur « Les velus » de Le Double et Houssay. En revanche, la locomotion quadrupédique et l'absence de langage doivent être retenues comme très typiques. S'il est vrai que l'on remarque des exceptions : la fille de Sogny, Gaspard de Nuremberg, le second enfant de Lithuanie, les sauvages de Hongrie et, pour leur part, Victor de l'Aveyron et Kamala de Midnapore qui parvinrent à s'exprimer intentionnellement de façon satisfaisante, il reste que presque tous les « homines feri » n'ont jamais vraiment disposé de la parole en dépit parfois des grands efforts pédagogiques déployés. En revanche, nombreux furent ceux qui parvinrent progressivement à devenir ou à redevenir bipèdes.

A la racine de l'existence biologique il y a, commun à toutes les espèces, le besoin, ce besoin que Sartre place au départ de l'aventure humaine et sans lequel, dit-il dans la *Critique de la Raison dialectique,* il n'y aurait aucun moteur historique. Ce qui, en situation d'abondance, demeure masqué, apparaît avec violence dans le monde de l'ultra-rareté où l'homme n'est plus qu'une bouche et un ventre. On ne s'étonne pas de voir l' « homo ferus », que sa condition réduit à s'identifier à son corps, manifester, la période d'hostilité méfiante passée, un intérêt vigoureux pour les personnes qui veillent à sa subsistance. L'appétit de la libido est loin d'apparaître aussi étroitement lié au biologique dans l'homme. Tous les auteurs notent, avec un certain étonnement du reste, l'indifférence sexuelle de l' « homo ferus ». Tomko manifestait de la répugnance devant les invites érotiques, le « pauvre Gaspard » une extrême froideur, et Peter vécut jusqu'à la vieillesse sans désir manifesté. C'est à peine si Victor, Kamala adolescente et l'enfant de Kronstadt après trois ans de vie sociale, laissaient paraître quelques vagues pulsions. Il est inutile de dire que le sentiment de pudeur, chez quelques-uns, s'est éveillé au fur et à mesure que leur réadaptation s'affirmait. Ainsi de Gaspard Hauser qui se laissait d'abord dévêtir pour la toilette, sans embarras, et qui devint, par la suite, d'une timidité et d'une chasteté farouches, comme Isabella, cette petite Brésilienne de Spix et Martius, citée par Anselm von Feuerbach, qui vécut nue de longues années, et qu'il fallut ensuite convaincre dans le trouble et presque sous la menace de redevenir naturiste pour un portraitiste munichois.

La sensorialité et la sensibilité de l' « homo ferus » ont motivé, elles aussi, de nombreuses notations. On a souligné, souvent, des difficultés à voir dans la lumière vive pour ceux habitués à l'ombre, tel Gaspard, selon Feuerbach, qui, devant un paysage apparaissant « dans toute la gloire de l'été » le trouva « horrible » et détourna son regard ; il avoua plus tard avoir été affolé par l'apparition éclatante, colorée et brouillée des objets. Tout au contraire, par les nuits les plus noires.

Gaspard allait avec assurance et s'amusait des tâtonnements de ses accompagnateurs. En revanche, Gaspard, comme Victor, distinguait mal les aplats des reliefs, les dessins sur papier des gravures sur bois, bref les représentations des corps de ces corps eux-mêmes. Une même vision nocturne aisée fut notamment l'apanage de quelques enfants de Sleeman, du second enfant de Sékandra, d'Amala et de Kamala. A cette acuité visuelle particulière dans l'obscurité on doit joindre non seulement les remarquables sensations auditives mais encore les fines perceptions olfactives, celles de Jean de Liège, entre autres, qui reconnaissait ainsi, dit-on, sa garde, à distance, et celles de la quasi-totalité des autres sauvages forestiers qui humaient toutes choses à la manière des canidés ou des félidés. On pourrait, enfin, multiplier les citations au sujet de la surprenante insensibilité thermique. L'enfant d'Irlande, l'enfant de l'Aveyron, l'un des cas de Sleeman, l'enfant de Shajahampur, les fillettes de Midnapore en fournissent autant d'exemples.

Il faudrait admettre que les hommes ne sont pas des hommes hors de l'ambiance sociale, puisque ce qu'on considère être leur propre, tel le rire ou le sourire, jamais n'éclaire le visage des enfants isolés. Seules les émotions plus frustes et beaucoup moins spécifiques — l'impatience, la colère — agitaient-elles Tomko, Victor, Dina Sanichar, l'enfant de Kronstadt ou les deux pensionnaires du révérend Shing. L'inclination à fréquenter des semblables, elle-même, paraît, chez eux, d'abord inhibée au profit de la sympathie pour les bêtes, qu'il s'agisse de Clemens, ami des pachydermes, de Gaspard, indifférent à tout observateur lorsqu'il caressait un cheval, ou de certains sauvages de Sleeman qui recherchaient surtout la compagnie des chiens.

55

Zingg dit, très justement, que les virtualités humaines ne s'accomplissent pas plus, privées du stimulus de l'entourage, que celles de la plante privée de la terre et du jour. Il ajoute non moins pertinemment que les effets, sur le sujet, de la société en tant que structure, ne pourraient être mieux mis en évidence que par les analyses de cas de sauvagerie. Ces « expériences naturelles » apporteraient une preuve de plus, et particulièrement nette, que, selon le mot de Jaspers dans sa « Psychopathologie générale » : « ce sont nos acquisitions, nos imitations, notre éducation qui font de nous des hommes au point de vue psychique ». L'allure et le comportement si particuliers de l' « homo ferus » montreraient à quel point il est vain de vouloir séparer le « programme génétique » et les étapes de la maturation de leurs conditions d'actualisation par le « learning ». Encore une fois, l'hérédité de l'espèce, comme l'hérédité individuelle, apparaîtraient comme des brumes avant l'apprentissage social.

II. — LA CRITIQUE DES FAITS ET DE LEUR SENS

Le moment est venu de nous demander de nouveau quel crédit on peut accorder aux exemples que, sans souci de critique, nous avons voulu préalablement rassembler. Il serait aussi arbitraire de tout accepter que de tout rejeter, mais il nous faut, pour y répondre, examiner un certain nombre d'objections qu'un scepticisme de mauvaise foi a cru bon de soulever pour mettre le sociologue en difficulté. On a, d'abord, taxé tous les faits rapportés, sans exception, d'invraisemblance. Bousquet disait en substance : ou bien l'être avant trois ou quatre ans ne peut survivre seul ou bien, plus âgé, il doit garder des traces de culture. En vérité ce dilemme est sans grande cruauté. Les jeunes enfants perdus — Amala par exemple — dont les cas sont ici relatés ont reçu un secours animal, et les individus égarés au cours de la seconde et de la troisième enfance ont connu, dans la solitude, les uns un *arrêt* de développement, les autres une *régression*, comme ce marin abandonné sur une île déserte qu'on retrouva plus tard, privé de la parole, et dont s'est inspiré Daniel Defoë pour la version plus optimiste du Robinson. Considérons en toute bonne foi ce second phénomène, au moins supposable, de régression. Si certains enfants « sauvages » en effet, adoptés par les animaux, ont pu subsister dès le premier âge, d'autres ont dû, probablement, connaître une famille assez longtemps pour que des rudiments d'éducation rendent possible l'existence solitaire. On peut simplement se demander si, le plus fréquemment, cette éducation, sans amour, sans précautions n'était pas dérisoire, n'était pas, en fait, le premier acte du drame de l'abandon. Il serait donc déjà absurde de dire, comme Bousquet jadis, et Dennis naguère, qu'après quatre ans un enfant porte nécessairement les traces de la civilité. Tout de même, on ne saurait exclure les cas d'isolement accidentel et s'épargner la tâche de comprendre pourquoi l'enfant perd alors ce qu'il a gagné, retourne à un stade inférieur du comportement. Beaucoup d'auteurs ont fait remarquer à ce propos que les lois d'acquisition des habitudes — qu'elles soient motrices ou mentales — imposent la répétition pour que la structure ou le schème s'installe de façon définitive. Tout acquis que l'expérience renouvelée ne renforce pas s'estompe et s'évanouit. Marian

Smith, elle, pense que la blessure affective qui s'ouvre en tout enfant soudainement perdu, peut expliquer le délabrement, la dévastation de l'esprit. Gesell doute que cette version des faits soit toujours satisfaisante parce qu'il ne note dans les descriptions des cas de sauvagerie les plus connus aucun trait caractéristique des grands syndromes pathologiques : ni les dissociations de la schizophrénie, ni les impulsions morbides de la psychose maniaque, ni — bien entendu — les délires fantastiques de la paranoïa. Même si Marian Smith avait raison, cela signifierait encore que l'enfant — et l'adulte sans doute lui-même — privé de la vie sociale ne peut plus être « humain » et s'effondre dans les abîmes d'une sauvagerie qu'aucun instinct n'organise. Quelle que soit de ces deux interprétations celle que nous reprendrions — immaturation intellectuelle ou traumatisme émotionnel — nous sortirions indemne du combat que nous livrent ceux qui veulent, contre l'évidence, qu'il n'y ait qu'une hypothèse possible, la troisième, celle de l'arriération native.

On a contesté aussi que les enfants aient pu exister loin de la société humaine un long temps sans mourir de faim ou de froid. Dennis suppose qu'ils ont dû n'être livrés à eux-mêmes que pendant une période extrêmement limitée. Cette nouvelle réserve n'a pas plus de poids que la précédente. On a tendance à mettre en doute ce qui est ancien, ce qui est éloigné, alors que l'information contemporaine étale chaque jour sans que nous en soyons autrement surpris des réalités dépassant, comme on dit — et de loin — les fictions. Comment réserver son incrédulité pour certains miracles naturels de survie « sauvage » quand on accepte ceux, plus extravagants, qu'offre, avec largesse, l'existence quotidienne ? Nous livrons à la méditation des saint Thomas de métier cette nouvelle que diffusa la presse parisienne le 1er décembre 1962 : un enfant tombé du dixième étage d'un immeuble, soit de vingt-cinq mètres, a été relevé avec une légère fracture du bras, et a dit, tranquillement : « Mimile a fait boum. » Si l'on tient pour conjecturale la chance insigne du Victor de l'Aveyron, que dire de celle du Mimile de la Seine ? Il est vrai que la chute de celui-ci ne mettait pas la nature humaine en cause. En réalité, que l'humanité ait connu vingt, trente ou quarante cas d'isolement extrême en un monde où l'on peut, vraiment, s'attendre à tout, et où des milliards d'existences se sont succédé parfois dans les plus épouvantables conditions, cela n'a rien de bien surprenant. Ce qui serait très peu croyable, à l'inverse, c'est qu'on n'en eût rencontré aucun. La vie « sauvage » est une des modalités possibles de la vie qui ne pouvait pas ne pas être probable et, en définitive, réelle, du fait même des circonstances terrestres et de la loi des grands nombres. La thèse insensée ce n'est point celle qui admet quelques-uns de ces cas c'est celle qui les refuse tous. D'autre part, si l'on supposait que l'isolement des « homines feri » a été très court, comment comprendrait-on le durcissement et l'épaississement de l'épiderme aux coudes et aux genoux des fillettes de Midnapore ? Comment rendrait-on raison du goût invétéré pour la viande crue et les entrailles de tous les enfants-loups rencontrés, du penchant exclusif pour les végétaux du garçon d'Itard ? Enfin l'hypothèse d'une sauvagerie de faible durée se heurte aux témoignages, par exemple, de ces citoyens qui, très longtemps avant la capture de l'enfant aveyronnais, l'avaient aperçu fuyant, nu, dans la forêt.

Une autre marque de défiance a consisté à considérer comme litigieuse la vie partagée par un enfant et une bête. Nous voudrions d'abord évoquer les expériences de coexistence pacifique qu'a réalisées la psychologie moderne en élevant, côte à côte, des chatons et des souris, ennemis « héréditaires », afin que puissent disparaître les excessives méfiances de ceux qui ne voient pas dans l'ours et dans le loup — le canidé sauvage — nos familiers en puissance, mais qui conviennent tout de même que le mouton, le veau et le porc peuvent supporter sans fureur la présence d'un petit d'homme. Encore une fois, comment les spécialistes du jugement suspensif expliqueront-ils les marques animales profondes dont témoignaient l'enfant irlandais, le troisième enfant de Lithuanie, les deux enfants de Sékandra, certains enfants de Sleeman qui flairaient toute nourriture ? Comment les acrobates de la perplexité révoqueront-ils l'action de boire en tirant avec la langue du deuxième sleemanien ou des fillettes de Midnapore ? Comment les professionnels de l'indécision s'en tireront-ils pour faire les soupçonneux devant des préférences alimentaires, aussi révélatrices que le refus exaspéré des habits ?

Il est vrai que le doute se fait volontiers hyperbolique lorsqu'il s'agit de voler au secours des causes perdues. Nous en voyons une illustration séduisante dans un ouvrage de Bergen Evans. Cet auteur, rigolo mais superficiel, reproche à Zingg de ne pas connaître la géographie et de mal situer Midnapore, et à Shing de n'avoir pas fait témoigner en 1942 celles des personnes qui l'escortaient pour son itinéraire d'évangélisation de 1920. Mais pourquoi Bergen Evans, pourfendeur de journalistes dans le plus pur style journalistique, accorderait-il plus de confiance aux dires des accompagnateurs indigènes qu'aux aveux du révérend lui-même, dont on sait qu'une inquiétude religieuse l'avait fait hésiter à publier un rapport ? Pourquoi, surtout, Bergen Evans voudrait-il que l'on retrouvât, vingt ans plus tard, en Inde, des compagnons de voyage plus facilement qu'aux États-Unis ou en France des camarades de régiment dont on a perdu le nom et la trace ? L' « Histoire générale des sottises » d'Evans est, au fond, un livre très complet où s'ajoutent à certains préjugés millénaires ceux mêmes de l'écrivain trop convaincu que les erreurs sont humaines pour ne pas, joyeusement, s'exposer à en commettre de nombreuses et choisissant pour cela le terrain le plus sûr : celui de la compétence encyclopédique.

On a le droit et le devoir, bien entendu, de critiquer, surtout lorsqu'ils n'émanent pas d'un Itard, d'un Feuerbach ou d'un Shing, la véracité des descriptions que la littérature a transmises. De nombreux cas d'isolement sont problématiques, certains sont louches ou ambigus, d'autres n'ont pas résisté à l'examen. Il faut citer, pour mémoire, l'histoire de l'enfant-babouin d'Afrique du Sud dévoreur de blé cru et de cactus qu'un sergent Holsen avait prétendument capturé du côté de Bathurst dans le Kafir, parmi les primates, en mars 1904. Une enquête a montré en réalité que Lucas se trouvait alors très loin de là, à Burghersdorp, d'où il fut conduit au Grahamstown Mental Hospital. Personne, parmi les membres du personnel de l'asile qui connurent Lucas en 1904, n'a pu se souvenir qu'on ait jamais parlé alors de son séjour chez les singes. En revanche, sous la signature de George-Harvey Smith, un certain Muscott tenta, en septembre 1931, d'accréditer la supercherie, entra en contact avec une firme cinématographique de Hollywood, puis, le véritable Smith lui-même eut l'idée d'aller exhiber Lucas à Londres. Cet enfant, oligophrène à la suite d'une fracture du crâne, n'avait absolument rien d'exceptionnel. Dans un article de l'*American Journal of Psychology,* en juillet 1940, Zingg publia sept pages de « dépositions » et tira la conclusion de cet imbroglio policier. Il n'avait pas attendu Bergen Evans pour noter qu'on n'est jamais trop circonspect face aux histoires d'*homines feri.* Il reste que des cas tels que ceux de Gaspard de Nuremberg, Victor de l'Aveyron, Kamala de Midnapore, se présentent comme incontestables et qu'on ne saurait les mettre en doute plus que les autres vérités de l'Histoire. Ceux-là, dit très bien Anne Anastasi, « contribuent à éclairer quelques-uns des faits de développement établis par des voies plus aisément soumises au contrôle ».

La certitude historique s'établit, ici comme ailleurs, par la confrontation des témoignages et le chercheur procède, en somme, selon la méthode du juge d'instruction. Or Jean Itard, médecin-chef de l'Hospice des sourds-muets de la rue Saint-Jacques, von Feuerbach, président de la cour d'appel d'Ansbach, J. A. L. Singh, recteur de l'orphelinat de Midnapore, un savant, un juriste, un religieux, soucieux de vérité pour des motifs différents peut-être mais très également présumables, donnent de l'*homo ferus* des descriptions fort précises et dont les concordances ne peuvent tromper. Singh n'a lu ni Jean Itard, ni Anselm von Feuerbach qui devait lui-même ignorer les écrits du savant français. Ni le magistrat ni le ministre du culte ne paraissent avoir été non plus des lecteurs assidus de Linné. Tous cependant retrouvent les caractéristiques du *Systema naturae :* d'une part la peine qu'éprouve l'enfant sauvage à se tenir debout — sauf Victor dont on nous dit toutefois, de façon diversement interprétable, qu'il tendait toujours « à prendre le trot ou le galop », et qu'un témoin, le citoyen Nougairolles, administrateur de l'hospice de

Saint-Affrique nous décrit s'échappant à quatre pattes lorsqu'un jour, poursuivi dans un champ, il s'était vu sur le point d'être saisi. D'autre part, la mutité initiale — qui perdura chez Victor, s'atténua chez Kamala, s'estompa chez Gaspard. Tous, encore, indiquent — ce qui, pour eux, ne pouvait s'inventer — que l'instinct sexuel est amorphe et que les sens ont des caractéristiques logiquement liées à leur aventure solitaire. Un Bonnaterre et un von Feuerbach se rejoignent en s'étonnant que Victor et Gaspard n'identifient pas leur reflet dans la glace. Contre un tel faisceau de ressemblances, attestées par des hommes de grand scrupule et qui n'ont eu, soit dans l'espace, soit dans le temps, aucun rapport entre eux, le scepticisme n'a plus de sens.

Ce n'est point, d'ailleurs, le fait même de l'isolement que les philosophes de la « nature humaine » se sont plu à contester, c'est plutôt sa signification et Lévi-Strauss, — même lui — suppose que « *la plupart* de ces enfants furent des anormaux congénitaux et qu'il faut chercher dans l'imbécillité dont ils semblent avoir *à peu près unanimement* fait la preuve la cause initiale de leur abandon et non, comme on le voudrait parfois, son résultat ». On notera l'accumulation des restrictions — « la plupart », « à peu près unanimement », — qui préservent de la critique les cas authentiques que nous retenions à l'instant. Signalons toutefois, que Lévi-Strauss, dans sa thèse admirable, ne traite des enfants sauvages qu'en passant et n'a manifestement pas eu le temps de s'informer : presque toutes ses références bibliographiques sont erronées, soit dans les dates, soit dans les titres d'ouvrages. A propos des enfants de Midnapore, il écrit que « l'un ne put jamais parler, même adulte ». L'exemple est malheureux parce que, justement, et par exception, l'un en question — ou plutôt l'une — parla d'abondance vers la fin de sa vie, avec, il est vrai, un vocabulaire rudimentaire, et, au demeurant, ne parvint jamais à l'état adulte : elle mourut en pleine adolescence, à dix-sept ans. Arnold Gesell estime qu'elle eût dû, ses progrès continuant, atteindre les dix ou douze ans d'âge mental vers la trente-cinquième année ce qui n'eût pas été, tous comptes faits, très inférieur au niveau de certains cultivateurs de son pays — et du nôtre.

A propos d'un article de François Rostand, qu'il vantait, dans *Les relations avec autrui chez l'enfant*, Merleau-Ponty répondait implicitement à la critique de Lévi-Strauss. On ne peut conclure, en effet, de l'absence de langage, quand elle se prolonge, à l'oligophrénie constitutionnelle. « Il y a une période, disait Merleau-Ponty, où l'enfant est sensible à l'égard du langage, où il est capable d'apprendre à parler. On a pu montrer que si l'enfant... ne se trouve pas dans un milieu où l'on parle, il ne parlera jamais comme ceux qui ont acquis le langage dans la période en question. C'est le cas des enfants qu'on appelle sauvages, qui avaient été élevés par des animaux, ou loin du contact des sujets parlants. Ces enfants n'ont jamais appris à parler, en tout cas pas avec la perfection que l'on trouve chez les sujets ordinaires... [Il existe] entre l'acquisition du langage... et l'insertion de l'enfant dans le milieu familial un lien profond... Les enfants séparés inopinément et durablement de leur mère montrent toujours des phénomènes de *régression* linguistique. Au fond ce n'est pas seulement le mot maman qui est le premier que l'enfant prononce, c'est tout le langage qui est, pour ainsi dire, maternel... L'acquisition du langage serait un phénomène de même style que la relation avec la mère : une relation d'identification... Apprendre à parler c'est apprendre à jouer une série de rôles. C'est assumer une série de conduites ou de gestes linguistiques... [Pour reprendre des expressions de Piaget] il faut que l'enfant apprenne à penser la réciprocité... [et] l'élaboration intellectuelle de notre expérience du monde est constamment portée par l'élaboration affectée de nos relations inter-humaines. » Que l'on songe pour illustration de tout ceci, aux exemples hideux que nous fournit fréquemment la presse. Citons — au hasard — celui d'Yves Cheneau, découvert en 1963, à Saint-Brévin, en Loire-Atlantique, par son oncle et des gendarmes, dans la casemate où il avait vécu dix-huit mois emprisonné par une marâtre. « Quand il est sorti, raconta son sauveteur, il a mis longtemps à se réhabituer à la lumière. On lui a montré un chat, une vache, en lui demandant ce que c'était. Il ne savait plus. » Didier Leroux — envoyé spécial d'un grand journal de Paris — qui vit l'enfant à l'hôpital de Nantes a pu dire de lui : « Ses yeux immenses glissent sur les choses et les êtres avec lassitude. Il ne parle pas. Il ne sait *plus* parler. »

Quant à l'hypothèse, fondée, nous venons de le faire dire, sur une mauvaise appréciation rétrospective du mutisme de l'enfant, et selon laquelle l'isolement aurait eu essentiellement pour origine l'indifférence ou l'irritation familiale à l'égard d'un pauvre d'esprit, elle est, tout simplement, pour peu qu'on y songe, irrecevable.

Pourquoi penserait-on que la totalité ou la majorité des abandons trouve une explication évidente dans l'oligophrénie initiale ? Les statistiques de l'Assistance Publique montrent-elles que la plupart des enfants dont les familles se débarrassent sont frappés d'idiotie ou d'imbécillité ? Toutes sortes d'enfants, en vérité, sont

65

délaissés parce qu'ils sont une charge ou une gêne, quel que soit leur degré d'agilité mentale et tout milite en faveur de cette idée que la même proportion d'anormaux et de normaux que manifestent les recensements effectués par les organismes de recueillement ou de placement doit se retrouver dans le répertoire des cas dressés par les sociologues de la sauvagerie. Du reste, à un an et demi, Amala, par exemple, était, nous le savons, profondément marquée par son séjour dans la forêt : elle avait dû y vivre déjà de longs mois. Comment oser articuler l'hypothèse qu'une mère-pythonisse ait pu présager chez une fillette nouveau-née une arriération dont elle ne portait aucun stigmate ? Des bandes d'enfants perdus courent les routes dans les périodes de bouleversement — ce fut le cas à l'époque des conquêtes napoléoniennes, ou en Russie après la révolution de 17, en Europe centrale durant la guerre de 40, en Italie après 45. — Des milliers de Moïses chinois, chaque année, voguent sur le Yang-Tsé, promis à une mort certaine alors qu'en Inde, le seul hasard de la sympathie d'une bête sauve, parfois, celui qui était, parmi d'autres, destiné à périr. En tout ceci le quotient intellectuel du jeune vagabond, comme celui du nourrisson délaissé, ne saurait entrer, vraiment, en ligne de compte.

Parfois, la mère hésite à se séparer totalement de l'enfant. Nous l'avons vu avec Yves Cheneau. Aussi bien les cas de bâtards séquestrés nous offrent-ils l'image de la « sauvagerie en chambre ». Nous nous permettrons de citer un autre exemple, celui d'Anna, fille illégitime née le 6 mars 1932 et découverte, en février 38, enfermée au second étage d'une ferme isolée du nord-est des États-Unis. Élevée d'abord par une nurse dans une maison d'éducation collective, tous ceux qui s'occupèrent d'elle alors la considérèrent comme une enfant normale et, même, assez belle. Incapable de payer le prix de pension, sa mère la retira avant qu'elle eût un an et la confina dans une pièce où elle souffrit du manque de soins, de nourriture et de soleil. Quatre années de claustration et d'immobilité — elle semble être restée allongée sur un grabat — ont provoqué chez elle les effets si souvent décrits chez les *homines feri.* Elle était incapable de tenir sur ses jambes — par cachexie — et non moins incapable d'émettre un son. Indifférente aux jouets qu'on lui présentait, en état de distraction pathologique, manifestant de nombreuses anomalies sensorielles — on la crut sourde et aveugle —, elle ne riait ni ne pleurait jamais. Dès les premiers temps de rééducation on la vit manifester des préférences pour des aliments et des couleurs et commencer de jouer socialement avec sa gouvernante, front contre front. L'examen physiologique ne révéla chez Anna, qu'il s'agisse du réflexe plantaire, pupillaire ou rotulien, aucune déficience. Le rire apparut bientôt, franc et bruyant, puis la station debout, avec appui. Au bout d'un an, elle fut capable de descendre les escaliers — en s'asseyant successivement sur chaque marche — de se servir de ses mains pour s'alimenter, de boire avec un verre, de manger avec une cuiller, de faire quelques pas. Après seize mois, elle prit des habitudes de toilette et témoigna d'une compréhension convenable à l'égard d'instructions verbales. Nul ne put rien contre le temps perdu mais l'esprit, timidement, s'éveilla. Moins cruellement touchée par l'isolement, moins complètement déracinée, une autre fillette, Edith Riley, qu'on avait tenu enfermée dans un capharnaüm pendant plusieurs années fut classée, à douze ans, parmi les imbéciles et s'exhaussa, en vingt-quatre mois, jusqu'au niveau de l'intelligence moyenne. Ni dans ce cas ni dans l'autre, une arriération initiale n'avait été le prétexte ou le motif d'un rejet et d'un emprisonnement. Très raisonnablement Kingsey Davis, après Kellog, après F. S. Freeman, ne voit en les déficiences psychiques des enfants « sauvages » qu'une conséquence de leur asocialité. Rien ne permet de supposer, chez eux, plus d'oligophrénies constitutionnelles, qu'en tout échantillon expressif de la population dans son ensemble.

L'argument, selon lequel le crétinisme fieffé aurait, le plus souvent, déterminé l'abandon, au demeurant, se retourne. Arnold Gesell verrait plutôt, tout au contraire, en l'aptitude à survivre dans des conditions périlleuses, une preuve de normalité. Il faudrait admettre, selon lui, qu'un imbécile ou un idiot n'aurait pu exister à distance du milieu humain, sans aller, en quelques jours, à la mort. Le discernement des enfants « sauvages », ce qui, en leur esprit, palpitait encore et qui ne se réduisait pas au savoir — ce qui justement était capacité de s'approprier tout savoir — leur a permis de tirer quelques maigres leçons de l'expérience et de se maintenir dans une existence rudimentaire. Un équipement cérébral tout à fait sain était au moins la condition minimale pour qu'un Victor gambadât, dans sa forêt du Rouergue, plusieurs années sans secours. Gesell ajoute à cette contre-objection judicieuse, une remarque qui ne l'est pas moins. Kamala — comme Victor — manifesta le désir d'apprendre, la volonté de dépassement, l'effort pour accéder au statut d'adulte, autant de symptômes cliniques qu'on n'eût pu décrire chez l'idiot constitutionnel condamné à ne jamais communiquer vraiment avec ses semblables, et qui ne dépasse jamais deux ans d'âge mental. A huit ans, Kamala n'était donc qu'une idiote exogène.

Il est indispensable de rapprocher ce que nous savons des enfants sauvages de ce que la psychologie nous a appris des enfants assistés débiles mentaux. Ici et là, l'absence d'éducation ou la carence familiale peuvent être, par hypothèse, considérées comme les raisons de l'asphyxie psychologique ou du retard intellectuel. Certes, quelles que soient les origines — internes ou externes — des oligophrénies, les manifestations de l'arriération se confondent au premier regard. Gesell note pourtant, et des recherches récentes semblent le confirmer, que l'observation fine décèle dans une oligophrénie extrinsèque — c'est-à-dire qui n'a pas sa source dans une faiblesse organique — une lueur tremblante et comme une spontanéité étiolée que l'on pourrait pédagogiquement réchauffer. Ainsi distingue-t-on, en principe, aux tests d'apprentissage, la débilité mentale liée au corps et celle liée au complexe éducatif, non moins grave du reste, non moins durable dans ses effets, mais néanmoins plus sensible à un traitement psychologique. Soit un groupe de débiles de l'Assistance Publique où l'on peut penser qu'il existe beaucoup plus de cas de frustration affective encore qu'en un ensemble de débiles pris dans une école de quartier, ensemble-témoin qui va autoriser la comparaison. Au premier abord les échecs au test des « Progressive Matrices » de Penrose et Raven sont tout à fait équivalents pour les deux groupes. Il n'en va pas du tout de même, après quatre leçons explicatives, lorsqu'il s'agit de chercher de nouveau la solution. Les débiles par handicap social, sur le problème limité et précis qui est en cause, parviennent — sans les rejoindre toutefois — à des performances voisines de celles des enfants normaux. Les débiles par handicap physique présumable, au contraire, n'améliorent que très peu leur score, d'une tentative à l'autre. Hurtig, qui a conduit l'expérience, montre que la débilité parfois masque de simples déficits d'ordre social et que la capacité de progrès doit être retenue ici comme ayant une valeur diagnostique. Nous retrouvons Gesell : le goût d'apprendre et la possibilité de s'améliorer furent, dans les cas au moins de Victor et de Kamala — pour ne rien dire de Gaspard — le signe que leur retard mental n'avait pas pour point de départ une insuffisance cérébrale. A douze ans d'âge réel, ils avaient deux ans d'âge mental : on devait donc, en ce sens, les ranger parmi les idiots. Or, force est bien de reconnaître qu'il ne s'agissait pas chez eux d'une idiotie intrinsèque — congénitale ou héréditaire — puisqu'ils allèrent peu à peu jusqu'à l'imbécillité où le sujet se montre capable d'une amorce de vie sociale, d'échanges verbaux avec l'entourage, voire — ce fut le cas de Victor — d'une lecture et d'une écriture mieux qu'approximatives.

On a pu se demander pourquoi la plupart des enfants sauvages ont tout de même rencontré très vite leur plafond intellectuel — si l'on excepte Tomko et Gaspard, qui ne furent jamais totalement isolés, et la fille de Sogny qui eut longtemps une compagne. C'est, nous le savons, que les conditionnements sociaux doivent, pour porter fruit, s'effectuer au meilleur moment ; il y a un âge de la parole et un âge de la marche, comme un âge de la lecture, de l'algèbre ou du latin. Tout devient difficile quand l'heure est passée. D'autre part, dit encore Gesell, en ce qui concerne les enfants-loups, ceux-ci ont dû, avant d'apprendre, d'abord désapprendre ce qu'ils avaient acquis, effacer les traces d'un comportement préalablement incrusté. Les quelques progrès qu'ils ont pu faire montrent qu'il ne fallait pas, de toute façon, dès le lendemain de leur capture, conclure, comme un Pinel, de leurs possibilités présentes à leurs possibilités futures pour un très rapide pronostic. Ces progrès, pour dérisoires que certains aient pu paraître parfois, permettent justement de repousser l'hypothèse d'un abandon pour infirmité mentale. Cette hypothèse redeviendrait valable éventuellement dans les cas — il en existe — où tous les efforts entrepris en vue de l'éducation furent vains et Zingg voit même dans la stagnation de Dina Sanichar la preuve par contraste que nous sommes bien, avec Victor, Gaspard ou Kamala, en présence d'oligophrénies par privation de contacts humains, en présence, dit-il, de ce que Trudgold appelle dans un jargon bilingue mobilisant du faux latin, *isolation amentia* et de ce que Rauber désignait mieux, pour sa part, sous l'expression *dementia ex-separatione*. Cette aptitude à recevoir l'éducation, cette évolution sur le chemin de la connaissance, cet épanouissement dans le domaine des sentiments que l'on doit souligner chez ces enfants « sauvages » — et méditer comme il convient — nous en avons au moins trois cas irrécusables que nous nous proposons maintenant de préciser, d'abord parce qu'ils sont exemplaires, mais aussi parce qu'ils offrent, dans leur diversité, le triple aspect de la « sauvagerie » : celui de l'enfant reclus, celui de l'enfant animalisé, celui, enfin, de l'enfant solitaire.

RÉPERTOIRE DES CAS

	DÉSIGNATION DU CAS	DATE DE DÉCOUVERTE	ÂGE À LA DÉCOUVERTE	PREMIÈRES COMMUNICATIONS DE QUELQUE PORTÉE
1	L'enfant-loup de la Hesse	1344	7 ans	Camerarius 1602 Rousseau 1754 Linné 1858 Von Schreber 1775
2	L'enfant-loup de Wetteravie	1344	12 ans	
3	Le 1er enfant-ours de Lituanie	1661	12 ans	Linné 1758
4	L'enfant-mouton d'Irlande	1672	16 ans	Tulp 1672 Linné 1758
5	L'enfant-veau de Bamberg	vers 1680		Camerarius 1602 Linné 1788
6	Le 2e enfant-ours de Lituanie	1694	10 ans	Condillac 1746 Rousseau 1754
7	Le 3e enfant-ours de Lituanie		12 ans	Connor 1698

8	La fille de Kranenburg (Hollande)	1717	19 ans	Linné 1788
9-10	Les deux garçons des Pyrénées	1719		Rousseau 1754 Linné 1758
11	Le sauvage Peter, de Hanovre	1724	13 ans	Rousseau 1754 Linné 1758
12	La fille de Sogny, en Champagne	1731	10 ans	Louis Racine 1747 La Condamine 1755 Linné 1788
13	Jean de Liège		21 ans	Digby 1644 Linné 1758 Wagner 1794
14	Tomko de Zips (Hongrie)	1767		
15	La fille-ourse de Karpfen (Hongrie)	1767	18 ans	Bonnaterre 1800
16	Victor l'enfant sauvage de l'Aveyron	1799	11 ans	Itard 1801
17	Gaspard Hauser de Nuremberg	1828	17 ans	Von Feuerbach 1832
18	La fille-truie de Salzburg		22 ans	Horn 1831
19	L'enfant de Husanpur	1843		Sleeman 1858
20	Le 1er enfant de Sultanpur	1843		Sleeman 1858

RÉPERTOIRE DES CAS

	DÉSIGNATION DU CAS	DATE DE DÉCOUVERTE	ÂGE À LA DÉCOUVERTE	PREMIÈRES COMMUNICATIONS DE QUELQUE PORTÉE
21	Le 2e enfant de Sultanpur	1848		Sleeman 1858
22	L'enfant de Chupra	1849		Sleeman 1858
23	Le 1er enfant de Lucknow			Sleeman 1858
24	L'enfant de Bankipur			Sleeman 1858
25	L'enfant du capitaine Egerton			Sleeman 1858
26	Clemens, l'enfant-porc d'Overdyke			Tylor 1863
27	L'enfant-loup d'Overdyke			Tylor 1863
28	Dina Sanichar, de Sékandra	1872	6 ans	Ball 1880
29	Le 2e enfant de Sékandra	1874	10 ans	Ball 1880
30	L'enfant de Shajahampur	vers 1875	6 ans	Ball 1880
31	Le 2e enfant de Lucknow	1876		Ball 1880
32	La fille de Jalpaïguri	1892	8 ans	Journal de la Société anthropologique de Bombay
33	L'enfant de Batzipur	1893	14 ans	Frazer 1929
34	L'enfant-loup de Kronstadt		23 ans	Rauber 1885

		1895	4 ans	Ross 1895
35	L'enfant de Sultanpur	1895	4 ans	Ross 1895
36	Lucas, l'enfant-babouin d'Afrique du Sud	1904		Foley 1940
37	L'enfant-panthère indien	1920		Demaison 1953
38	Amala de Midnapore	1920	2 ans	Squires 1927
39	Kamala de Midnapore	1920	8 ans	Squires 1927
40	Le 1er enfant-léopard			Stuart Baker 1920
41	L'enfant de Maïwana			The Pioneer 5 avril 1927
42	L'enfant de Jhansi	1933		Zingg 1940
43	Un enfant-loup indien			Hutton 1939
44	L'enfant de Casamance	années 30	16 ans	Demaison 1953
45	Assicia du Libéria	années 30		Demaison 1953
46	Le 2e enfant-léopard	1938	8 ans	Zingg 1940
47	Anna de Pennsylvanie	1940	6 ans	Davis 1940
48	Edith de l'Ohio	1940		Maxfield 1940
49	L'enfant-gazelle de Syrie	1946		Demaison 1953
50	Ramu, l'enfant de New Delhi	1954	12 ans	Agence France Presse 8 février 1954
51	L'enfant-singe de Téhéran	1961	14 ans	Agence France Presse 28 septembre 1961
52	Yves Cheneau, de Saint-Brévin	1963	7 ans	Agence France Presse 24 mai 1963

CHAPITRE III

LES TROIS ESPÈCES D'*HOMINES FERI* ET LEURS PLUS CÉLÈBRES EXEMPLES

Le lecteur fera preuve d'amabilité en pensant que nous sommes, comme lui, sensible à la rocambole. Bien des histoires rapportées — la majorité d'entre elles — laissent rêveur. Nous sommes frappés, bien sûr, par le caractère épidémique du phénomène d'isolement : l'année 1344, en Allemagne, fait fleurir deux cas ; l'année 1767 est favorable à deux sauvageries hongroises ; en cinquante ans environ, de 1843 à 1895, non moins de quatorze enfants lupins sont signalés dans les Indes. D'ailleurs les Singh ont de la chance : un Singh se trouve nez à nez avec un *homo ferus* à Batzipur ; un nouveau Singh — selon Demaison — va jusqu'en Afrique justifier le don de découverte qui s'attache à son nom en détectant l'existence d'Assicia ; un autre Singh découvre Amala et Kamala. L'aventure relatée de Mlle Le Blanc apparaît truffée de détails ébouriffants ressortissant aux contes de fées, et même celles de Gaspard, de Kamala, de Victor ne sont pas épargnées par les notations fantastiques. Rien de tout cela, qui relève de la critique des faits et qui inquiète, d'ordinaire, en tous domaines, les historiens, ne saurait nous dispenser de considérer le noyau de réalité que la légèreté, l'étourderie, l'imagination des hommes ont incontestablement voilé. Nous l'avons dit plus haut, il tant d'énigmes touchant aux situations normales du passé que nous ne sommes pas en droit d'espérer mieux en ce qui a trait aux situations anormales. Nous connaissons quelques terribles universitaires bien nantis et tous savants — non toujours essentialistes d'ailleurs — qui mangent encore de l'enfant sauvage comme on mange du curé et qui font rire à peu de frais en s'emparant des incohérences et des guignolades de certains textes : le contenu, visiblement, les énerve car il y aurait lieu, à la limite, de s'esclaffer de tout, et d'abord des milliers de documents insensés ou contradictoires dont la vérité qu'ils recouvrent constitue néanmoins la raison d'être et le moyen d'existence des mêmes vieux malicieux. Oublions-les en une entreprise qui veut être lucidement et sérieusement une introduction générale à la question en même temps qu'aux deux grands rapports d'Itard. Retenons la triade authentique et symbolique que composent Gaspard de Nuremberg. Kamala de Midnapore et Victor de l'Aveyron.

Le 26 mai 1828, donc, vers cinq heures du soir, un jeune homme incroyable, titubant, trébuchant, totalement perdu, apparaît sur l'Unschlittplatz de Nuremberg, aux yeux étonnés d'un bourgeois qui se repose assis devant sa porte. Ainsi commence l'histoire que narre Anselm von Feuerbach dans un livre qui devra bien un jour être traduit : *Beispiel eines Verbrechens am Seelenleben des Menschen.* Exemple d'un attentat à la vie spirituelle. — L'inconnu de l'Unschlittplatz porte un chapeau de feutre à garniture de cuir rouge — dans lequel on découvrira l'image effacée de Munich — un cache-col de soie noire, une veste délavée, une chemise épaisse, un pantalon gris en étoffe grossière et des bottes à revers rafistolées, avec, à la semelle, un fer à cheval. L'étonnant voyageur, on le saura bientôt, a dans ses poches un petit mouchoir marqué à ses initiales, des prières catholiques manuscrites, des opuscules, un rosaire et de la poudre d'or. Il tient à la main une lettre adressée à « l'honorable capitaine de cavalerie du 4e escadron du 6e régiment de Nuremberg ». Le bourgeois ébahi conduit l'étrange personnage à la caserne de la ville. La mystérieuse lettre dit en substance : « Ce garçon veut servir son roi. Sa mère l'a placé chez moi. Je ne l'ai jamais laissé sortir. Je lui ai appris la lecture et l'écriture. Je l'ai conduit jusqu'à Nuremberg, à la nuit. » Sur une fiche jointe on peut lire encore : « L'enfant est baptisé, il s'appelle Gaspard. Il est né le 30 avril 1812. Quand il aura dix-sept ans, conduisez-le à Nuremberg, où son père — qui est mort — fut cavalier. Je suis une pauvre fille. » Les militaires parquent l'arrivant à l'écurie. Il s'endort dans la paille. On aura du mal à le réveiller pour le conduire vers vingt heures au local de la police où, à la plume, il écrit son nom : Gaspard Hauser.

Logé dans une tour réservée aux vagabonds, Gaspard joue d'abord avec une pièce de monnaie puis avec les nombreux jouets que lui apportent les curieux, avec un cheval surtout, qu'il adore. Il paraît avoir trois ans d'âge mental et le corps d'un homme. Il ne sait rien faire de ses mains, si ce n'est saisir les objets entre le pouce et l'index. Il trouve le sommeil au coucher du soleil et le quitte à l'aube. Tout le jour il demeure assis par terre, les jambes droites. Parfois, dit le gardien Hietel, il joue avec des gosses. Lorsqu'il marche il semble toujours flotter à la dérive, avançant en vacillant, sur des jambes branlantes, en une succession de pseudo-pas, chutes et brusques redressements. Gaspard exprime un réel dégoût pour la viande qu'il rejette, pour la bière qu'il crache et dont l'absorption lui inflige des sueurs, des migraines, des fièvres, des douleurs, des évanouissements. Son goût le porte vers l'eau fraîche, et le pain. Il pleure souvent, il crie, il a peur de tout et de rien. Content, il rit — surtout en présence de chevaux blancs car les noirs le terrorisent. Indifférent, il retourne à une sorte d'opacité bestiale. Gaspard se distrait à écrire l'alphabet, les nombres jusqu'à dix, et à couvrir des pages de sa signature. Il est à peu près privé de langage. Il ne surgit à ses lèvres qu'un magma phonique et une formule apprise en patois : *ä fechtene möcht ih wähn wie mei wottä wähn is* — je voudrais devenir un combattant comme le fut mon père. Il dit aussi : *hoam weissa* (pour *heim weiss er :* sais [aller] à la maison), *woas nit* (pour *weiss nicht :* sais pas), *bua* pour tout ce qui est humain, *ross* enfin — l'un des six mots qu'il connaît — pour tout ce qui est animal. « On aurait pu le prendre, écrira Feuerbach qui vint le voir le 11 juillet, pour le citoyen d'une autre planète, par miracle échoué sur le globe, ou pour cet homme dont parle Platon qui, né, élevé sous terre, ne connut qu'à l'âge adulte la lumière du jour. »

Le 18 juillet 1828, Gaspard quitte sa tour et les locaux de la police, pour la maison du Pr Daumer qui, depuis quelque temps, le regardait en pitié. En quelques mois la dissymétrie du visage de Gaspard s'est résorbée ainsi que son prognatisme. C'est un garçon trapu, large, aux yeux bleu clair, à la peau fine et blanche, aux mains élégantes. Il porte encore la marque de quelques cicatrices fraîches et celle, plus profonde, d'une blessure au bras droit. Il continue de se plaindre de violents maux de tête et, assoiffé, boit de l'eau en quantité. Pendant des semaines il apprend à monter un

79

escalier. Daumer l'habitue à l'alimentation carnée : en septembre, ses forces ayant grandi, il peut soulever des deux mains un poids de douze kilos. Dans sa tour, Gaspard offrait sa nourriture aux chevaux de bois ou de plâtre dont on l'entourait, leur accrochant des guirlandes de papier qu'il découpait, déballait le matin des images et le soir les plaçait dans une boîte avec une manie anormale de l'ordre et du rangement. Chez Daumer, il ne joue plus, mais il dessine. On le voit, pendant des jours, tenter de reproduire une lithographie, à travers des centaines d'essais qui décrivent les progrès vers la ressemblance. Avec un certain von Rumpler, il goûte à la joie — affolante pour lui — de monter à cheval. Peu à peu, sa marche devient plus assurée et ses sentiments s'affirment. Il découvre chez Daumer le plaisir d'un bon lit. Il a, pourtant, horreur du nouveau qui le frappe parfois de paralysie convulsive et conserve des phobies curieuses, phobies de certaines couleurs, du noir toujours, mais aussi du vert — ce qui pourrait expliquer qu'il déteste la campagne — et encore du jaune — sauf celui doré, brillant, de la monnaie. Toute odeur lui est désagréable, exception faite de celle du pain, de l'anis ou du cumel. La présence du métal aimanté le rend malade mais cette sensibilité magnétique, en décembre, disparaîtra. D'une docilité absolue, Gaspard ne se plaint que de sa déréliction : il comprend qu'il n'est pas comme les autres, il demande pourquoi il n'a pas de parents. Il veut porter des vêtements de fille, qu'il juge plus beaux. On lui dit qu'il doit devenir un homme : il le nie absolument. Un peu plus tard, il consent à concevoir le mariage et la présence d'une compagne à laquelle il attribue le rôle de maîtresse de maison, sans aucune idée d'amour.

Gaspard, selon Daumer, n'avait pas initialement la possibilité d'évaluer correctement les distances, d'apprécier précisément le sens de la perspective. Il ne supportait pas la lumière solaire, alors qu'il voyait assez aisément dans la nuit. Sans conscience de l'image spéculaire, placé face au miroir, il cherchait à découvrir si son reflet n'était pas vraiment quelqu'un placé derrière. Il mêlait, en ses propos, rêve et réalité. L'ouïe pourtant était fine — bien qu'inattentive quelques jours au bruit de l'horloge et de la sonnerie. A la parade militaire il se tenait près du tambour mais la foule l'excitait, à l'inverse du mouvement du manège dont il regardait les tours, de sa fenêtre, pétrifié par la musique qu'il entendait. Toute son éducation intellectuelle était à faire ou, plutôt, à refaire. Dès les premiers jours de son installation chez Daumer, Gaspard apprend à parler. Il dispose d'abord des infinitifs, possède des semantèmes non des morphènes, parle de lui à la troisième personne, acquiert le « je » très lentement, n'a la compréhension ni des formes vocatives, allocutives, ni des formes injonctives. Son langage est parsemé de polysémies aberrantes — le mot *berg* (montagne), par exemple, désigne tout ce qui est élevé. Ce langage manifeste une parataxe non une syntaxe et s'organise selon la loi de la pure et simple juxtaposition. En trois ans, tout va changer. Chaque matin, de onze à douze, Gaspard prend une leçon de calcul en ville. Au lycée, on lui inflige le latin. En 1831, il passe quelques semaines chez Feuerbach, qui se désole du formalisme de l'enseignement que reçoit un personnage aussi singulier. La joie d'apprendre du jeune homme n'a, du reste, pas duré. Gaspard est aboulique, terne, sans humour. C'est un calme lourdaud, pétri de bon sens : « Qui a fait les arbres ? Qui allume et éteint les étoiles ? Mon âme, qu'est-ce ? Puis-je la voir ? Pourquoi Dieu ne veut-il pas exaucer toujours ? »

Qui est-il ? D'où vient-il ? Sa mémoire n'enferme pas grand-chose. Il se tourne vers son passé, désespérément, et parvient tout de même à se souvenir : il a l'impression d'être « arrivé au monde » et d'avoir « découvert les hommes » à Nuremberg ; avant il existait dans « un trou », « une cage » ; il vivait d'eau et de pain ; il s'était, un jour, endormi après la prise d'un breuvage — de l'opium, dont il reconnaîtra l'odeur chez Daumer — ; dans sa tanière, il disposait — déjà — de deux chevaux de bois ; chaque jour, un être, dont il n'a jamais vu le visage, venait lui donner sa pitance, ou, se tenant derrière lui, lui faisait tracer quelques figures, quelques lettres, quelques chiffres. Cet être, le premier dont il garde une notion, il l'appelle maintenant : l'Homme, tout simplement. On murmure, en ville, que Gaspard va livrer bientôt son secret. Ces ragots lui seront fatals.

L'Homme, d'abord, le 17 octobre 1829, était peut-être revenu. Gaspard, malade, se reposait à la maison, seul avec la belle-mère de Daumer et sa sœur Katharina. Vers midi Katharina aperçut des gouttes de sang dans l'escalier, puis dans les communs. Gaspard était introuvable. On le découvrit à demi mort dans la cave. Il dit à plusieurs reprises un seul mot : *Mann* (l'Homme). Blessé au front il demeura plongé pour quarante-huit heures dans le coma et le délire et mit vingt-deux jours à guérir. On avait, semble-t-il, aperçu l'Homme dans la ville, on l'avait sans doute identifié : « Je ne puis, disait Feuerbach, révéler tout ce que je sais d'après les actes de la justice. » Cette dernière prudence devait ajouter un risque de plus à ceux que

82

faisaient courir les révélations sans cesse attendues de Gaspard. Un jour de 1833, alors que le jeune homme venait d'avoir vingt-deux ans et se trouvait de nouveau chez Anselm von Feuerbach, on l'attaque une seconde fois dans le parc de Ansbach. Atteint d'un coup de poignard, Gaspard meurt le surlendemain. A l'endroit où il tombe, s'élèvera plus tard une stèle de pierre, avec cette inscription : « Ici, un inconnu fut tué par un inconnu. » Demi-mensonge. On apprit en effet une vérité probable sur Gaspard, fils putatif de Stéphanie de Beauharnais — nièce de Joséphine — que Napoléon avait, dans un acte d'autorité, donnée pour épouse au prince Charles de Bade. L'enfant qui était né de Charles et de Stéphanie avait été enlevé à sa mère pour que l'héritage de la couronne revînt aux fils d'une lignée morganatique. On l'avait confié aux soins expéditifs d'un garde-chasse du baron Griesenberg : Franz Richter — alias l'Homme. L'assassin du jardin de Ansbach fut un nommé Johann Jacob Muller. Les révélations de Edmond Bapst ont permis, plus tard, de jeter quelque clarté sur ce qui, longtemps, fut une bien ténébreuse affaire.

Gaspard Hauser figure dans l'histoire des isolements, l'enfant non totalement privé de la présence d'autrui qui vit pourtant à l'écart du monde, dans le silence et la nuit de sa prison. Très différente sera la situation de l'individu qui a trouvé autour de lui, dans le plus jeune âge, la seule compagnie de l'animal. Arnold Gesell a révélé, dans son ouvrage *Wolfchild and Human child*, celui qui est aujourd'hui le plus illustre des cas de zoanthropie, l'étonnante tragédie de Amala et Kamala, selon le récit original. Le 9 octobre 1920, le Révérend Singh, en voyage d'évangélisation, apprend, par des paysans du village de Godamuri, l'existence, en forêt, d'« hommes fantastiques ». Conduit sur les lieux, Singh, dissimulé au crépuscule, voit surgir d'un repaire trois loups adultes, deux louveteaux, et deux « monstres » au visage perdu dans une sorte de crinière emmêlée, marchant à quatre pattes. Le second enfant sauvage paraît beaucoup plus petit que le premier. Tous deux, en sortant de l'antre, se sont comportés exactement comme des loups : risquant la tête au-dehors, regardant de côté et d'autre, se décidant enfin à bondir. Un accompagnateur veut tirer, Singh s'y oppose et, devant l'effroi de la plupart des guides, va recruter, à sept miles, quelques volontaires moins prévenus. De retour sur les lieux, le 17 octobre, avec une petite troupe, Singh voit deux des vieux loups s'enfuir. Le dernier, une femelle, défend l'entrée de la tanière et tombe criblé de flèches. Au fond de l'excavation, se tiennent, blottis les uns contre les autres, deux jeunes loups et deux jeunes enfants. Ceux-là, arrondis en une position de défense, ceux-ci plus menaçants et plus agressifs. Capturés, les deux Mowgli sont confiés à des villageois pour une semaine. Singh parti, les aborigènes, pris de panique, s'enfuient. Lorsqu'il revient, le Révérend trouve les fillettes abandonnées, amaigries, à demi mortes de faim et de soif, dans l'enclos où on les avait parquées. Forcées de boire du lait, soignées quelques jours, elles sont emmenées dans une charrette tirée par un bœuf vers l'orphelinat de Midnapore que Singh dirige et où il revient le 4 novembre 1920.

On appellera, désormais, Amala la moins âgée, Kamala la plus âgée — fillette aux épaules larges, aux longs bras et à la colonne vertébrale droite. L'une et l'autre ont d'épaisses callosités à la paume des mains, aux coudes, aux genoux, à la plante des pieds. Elles laissent pendre leur langue à travers des lèvres vermillon, épaisses et ourlées, imitent le halètement et ouvrent, parfois, démesurément, les mâchoires. Toutes deux manifestent une photophobie et une nyctalopie accusées, passant tout le jour à se tapir dans l'ombre ou à rester immobiles face à un mur, sortant de leur prostration la nuit, hurlant à de nombreuses reprises, gémissant toujours dans le désir de s'évader. Amala — un an et demi — Kamala — huit ans et demi — dorment très peu : quatre heures sur vingt-quatre, et ont deux modes de locomotion : sur les coudes et les rotules pour les petits déplacements lents, sur les mains et les pieds pour aller loin et pour courir — du reste avec rapidité. Les liquides sont lapés et la nourriture est prise, le visage penché, en position accroupie. Le goût exclusif pour les aliments carnés conduisent les fillettes aux seules activités dont elles sont capables : donner la chasse aux poulets et déterrer les charognes ou les entrailles. Insociables, grondeuses, attentives un peu aux chiots et aux chatons, indifférentes à l'égard des enfants, agressives surtout envers Mrs Singh, arc-boutées dans une attitude de qui-vive quand on les approche, elles expriment leur hostilité et leur vigilance par un mouvement rapide de la tête, d'avant en arrière.

Amala mourra le 21 septembre 1921 d'une néphrite et d'un œdème généralisé, au terme de trois semaines de souffrances et Kamala succombera, curieusement, au même mal, le 14 novembre 1929. Le Révérend Singh et le Dr Sarbadhicari ont raconté le cheminement psychologique de Kamala tout au long des huit années qu'elle a passé dans l'orphelinat de Midnapore Ouvrons le journal de Singh : progressivement, mais très lentement, la motricité de l'enfant s'est humanisée. Après dix mois de séjour, Kamala tend la main pour solliciter un aliment ; après seize mois, en février 1922, elle se dresse sur les genoux ; en mars, elle avance de cette manière ; en mai, elle se tient sur ses pieds, appuyée contre un banc ; un an plus tard, à l'été, la voici, pour la première fois, debout, par ses propres forces ; en 1926, au mois de janvier, elle marche, et, durant les deux dernières années de sa vie — bien que le style, dans la course, demeure lupin — elle démontre que la « locomotion bipatellaire » initiale n'était due qu'à une absence d'apprentissage normal. Le comportement de Kamala, d'année en année, s'est assoupli et diversifié. Des gestes de pure ivresse motrice comme ceux qui consistaient à tirer, pendant des heures, sur le cordon d'un pankah cèdent place à des actes intégrés à la vie sociale : la saisie et la manipulation d'un verre pour boire, la chasse aux corbeaux qui dévorent les grains de la basse-cour, les habitudes de toilette et de bain en présence des Singh, la surveillance des nourrissons de l'orphelinat — Kamala signale ceux qui pleurent, ceux qui ont quelques ennuis —, le ramassage des œufs au poulailler et l'effectuation de nombreuses commissions simples.

Simultanément, le caractère de Kamala se trouve changé. D'abord la mort d'Amala paraît la jeter dans la voie de la régression : elle verse pour la première fois un pleur, pendant deux jours refuse toute boisson et toute nourriture, pendant six jours reste tapie dans un coin, pendant dix jours, ensuite, cherche visiblement sa compagne, quêtant la moindre odeur que celle-ci aurait laissée. Au troisième trimestre de sa « scolarité » à l'orphelinat, elle devient plus confiante, accepte un biscuit que lui tend Mrs Singh, et s'approche de celle-ci lorsqu'elle distribue du lait. A l'imitation involontaire d'Itard, la femme du Révérend pratique des massages destinés à assouplir la musculature et les articulations de l'enfant. Un jour de novembre 1921, Kamala prend la main de sa protectrice et sollicite la friction. Le même mois, s'approchant de deux chevreaux, elle s'assied auprès d'eux, les serre contre elle, et, incompréhensiblement, leur parle. Il y a trois ans qu'elle est recueillie lorsqu'elle commence de prendre peur de l'obscurité, lorsqu'elle tente de se rapprocher, la nuit, des autres, lorsqu'elle regrette tout éloignement de Mrs Singh en l'absence de qui elle erre dans le jardin, lamentable, et dont elle salue le retour en bondissant de joie et en se précipitant à sa rencontre. La sensibilité gustative s'est affinée en cinq ans comme l'affectivité générale. Kamala apprécie le sel, et, en 26, tandis qu'elle refuse la charogne, elle se met à éviter les chiens et à pleurer quand les autres enfants vont au marché sans elle, s'impatiente au jeu lorsqu'elle doit attendre trop longtemps son tour d'escarpolette, se montre sensible aux compliments, manifeste de la fierté et de la pudeur en s'opposant à quitter le dortoir lorsqu'on ne lui donne pas sa robe.

L'intelligence de Kamala s'est également dégagée lentement de ses brumes. Elle a d'abord possédé deux mots, « ma » pour « maman » à propos de Mrs Singh, et — « bhoo » — pour exprimer la faim ou la soif. En 23, elle dit oui ou non par signe de tête — et oui (« hoo ») oralement. En 24, elle nomme et réclame le riz (« bha ») et, pour la première fois, fait un acte volontariste en disant : je veux (« am jab »). En 26, Kamala, qui reconnaît ses objets personnels — son assiette, son verre — a un embryon de conversation et trois dizaines de vocables. Elle comprend très bien les instructions verbales. Quand les termes lui font défaut, elle recourt à des signes. Avec son vocabulaire de cinquante mots, en novembre 29, au terme de sa vie, elle parvient à parler d'abondance en s'adressant aux médecins qui la soignent et dont elle connaît très bien, du reste, les noms. On peut dire, vraiment, avec Paul Sivadon, que rien ne montrait qu'elle fût une idiote innée, que son niveau mental, à huit ans, au contraire, comparé à celui dont elle témoigna plus tard, manifeste, dans l'évidence, qu'elle n'a dû sa triste condition qu'à la défaillance ou à l'absence, en son premier âge, d'une famille. Sivadon, évoquant « l'histoire de Kamala » rappelait « que l'on ne peut dissocier les problèmes organiques des problèmes psychologiques ». Il concluait : « L'homme se distingue de l'animal par le fait qu'il naît prématuré. Sa personnalité s'élabore, après la naissance, dans une série de matrices culturelles qui sont aussi importantes pour son développement que la matrice maternelle. Ce sont les relations émotionnelles qu'il entretient au cours des deux premières années avec sa mère qui conditionnent toute sa vie affective. C'est l'apprentissage du langage en temps voulu qui conditionne toute sa vie intellectuelle. Ceci pour dire qu'un enfant, normal à la naissance, peut devenir pratiquement idiot si les conditions de son éducation sont défavorables. Cette notion est essentielle : la personnalité se développe dans la mesure où le milieu, par sa valeur éducative, offre à l'enfant les apports culturels convenables au moment opportun. » Sivadon, psychiatre, rejoint Merleau-Ponty, psychologue et philosophe de l'existence.

Amala et Kamala ont vécu parmi les loups mais non plus que Gaspard complètement solitaires. L'isolement le plus net, et le plus radical, semble, en revanche, avoir été le lot de Victor. En 1797, dans le Tarn, très exactement dans les bois de Lacaune, on voit, jouissant d'une liberté insolite, un enfant nu qui fuit tout témoin. Capturé une première fois au lieudit La Bassine, il réussit à s'enfuir et à errer quinze mois. A la mi-juillet 1798, des chasseurs, l'apercevant sur un arbre, de nouveau s'en emparent et le confient à une veuve, garde bénévole du plus proche village. Prisonnier une semaine, il réussit à s'échapper encore et à hiverner de longs mois en forêt comme en témoigne le rapport de Guiraud, commissaire du gouvernement. Le 9 janvier 1800 (19 nivôse an VIII), à sept heures du matin, il s'égare et se laisse reprendre à huit cents mètres du village dans le jardin d'un certain Vidal, teinturier du territoire de Saint-Sernin-sur-Rance en Aveyron. Placé le 10 janvier (20 nivôse) à l'asile de Saint-Affrique, et le 4 février (15 pluviôse) à Rodez, il est l'objet d'une première observation, et d'une première dissertation, celle du naturaliste Bonnaterre qui signale sa taille : un mètre trente-six, son *genu valgum* droit, son murmure quand il mange, ses colères subites, sa dilection pour les flammes, son sommeil réglé sur le lever et le coucher du soleil, ses efforts pour retrouver sa liberté, son absence enfin de conscience de toute image spéculaire — il regarde, derrière le miroir, le personnage qu'il suppose caché. Les journaux s'emparent du fait divers. Un ministre s'y intéresse : sur son ordre on conduit l'enfant à Paris, à fin d'étude. Le plus célèbre psychiatre de l'époque, Pinel, fait un rapport sur le sauvage et voit en lui non l'individu privé de pouvoirs intellectuels par son existence excentrique mais un idiot essentiel parfaitement identique en son fonds à tous ceux qu'il a connus à Bicêtre. Itard, tout nouvellement médecin-chef de l'Institution des sourds-muets, rue Saint-Jacques, grand lecteur de Locke et de Condillac, convaincu que l'homme n'est pas « né » mais « construit », se permet d'être d'une opinion contraire. Il constate l'idiotie mais il se réserve le droit d'y voir non point un fait de déficience biologique mais un fait d'insuffisance culturelle. Il espère — sans tenir compte d'un devenir irréversible — éveiller tout à fait l'esprit de l'enfant et confondre ainsi ses contradicteurs. On lui offre la possibilité d'administrer des preuves en remettant le « sauvage » entre ses mains.

A son arrivée à Paris et rue Saint-Jacques, l'enfant de l'Aveyron, le visage dévoré de mouvements nerveux, écrasant ses yeux de ses poings, les mâchoires serrées, dansant sur place, et souvent convulsionnaire, cherche sempiternellement à s'enfuir. Passant de l'effervescence gestuelle à la plus totale prostration, excité par la neige où il se vautre, il est calmé — nouveau Narcisse — par la vue de l'eau tranquille du bassin au bord duquel volontiers il rêve, ou encore par la lune brillante que, figé, il admire le soir. Incapable d'imiter, les jeux des enfants le laissant indifférent, il voue bientôt à l'autodafé les quelques quilles qu'on lui a offertes. Son seul travail — appris à Rodez ou dans la vie sylvestre — se réduit à écosser quelques gousses de haricots.

Alors même qu'il est à l'âge de la puberté son médecin s'étonne de sa stérile agitation et de son absence d'appétit sélectif à l'égard des personnes du sexe. Il s'étonne de bien d'autres traits encore : l'analgésie cutanée car il saisit souvent de la main des tisons en dépit de sa peau très fine ; l'insensibilité au tabac même logé dans la narine ; l'indifférence à l'égard des coups de pistolet tirés à blanc dans son dos, alors qu'il sait se retourner quand on brise une noix ; la répugnance à coucher dans un lit ; l'impassibilité sous les froides averses ; l'imperturbabilité dans la puanteur, les miasmes, les remugles ; l'aversion — chez ce végétarien qui se nourrit de glands, de tubercules et de châtaignes crues — pour les sucreries, les épices, les alcools et le vin ; le mépris, en somme, à l'égard de tous les signes de civilisation qui s'allie chez lui à un élan vers la réalité brute, vers l'eau pure dont il fait ses délices, et vers l'orage noir qui l'annonce dans l'air.

L'attention, dispersée, vacillante, anxieuse, promène le regard sur tout et rien. La vue ne fait pas le départ entre un objet réel et un objet pictural. L'ouïe se désintéresse de la voix humaine et des explosions comme des musiques — sinon du bruit d'épluchage des marrons. L'odorat se satisfait à humer ce qui se rencontre, branches et feuilles, pierres, terres et chairs. Plus misérable qu'un chimpanzé l'enfant ne sait pas ouvrir les portes, ni grimper sur des piédestaux pour accéder à une proie lointaine. Aussi démuni que l'animal pour le langage, sa gorge n'émet qu'un son unique et dépoli. Le visage de Victor, qui va de l'apathie morose au ricanement incongru — écorce purement physiologique du rire — est incontestablement celui de l'arriéré profond. Itard va s'attacher, au cours des années qui vont suivre, à provoquer en lui quelques métamorphoses.

En deux mémoires, l'un de 1801, l'autre de 1806, le Dr Itard a raconté comment l'enfant, au bout d'un an, au bout de six ans, avait perdu ses allures sauvages. Ouvrons le rapport de 1801. Victor s'habille désormais lui-même, évite de salir sa couche, met le couvert, tend son assiette pour être servi, va tirer de l'eau pour boire quand le cruchon est vide, éconduit les visiteurs désagréables en leur indiquant la sortie, convie les curieux bonasses à le véhiculer dans un petit tombereau à main, apporte un peigne au médecin quand celui-ci a volontairement embrouillé sa chevelure et installe au matin le nécessaire de toilette de sa gouvernante. La sensibilité et l'affectivité s'enrichissent. Sous l'effet des douches et des bains chauds, dit Itard, l'enfant discrimine les températures et s'ouvre à l'idée du bien-être. Il n'apprécie désormais que les pommes de terre convenablement cuites. Les cavités nasales deviennent sensibles aux irritations en même temps qu'apparaît la première rhinite. Quelques joies simples se laissent déceler : en présence d'un filet d'eau tombant sur la main, d'un plat flottant sur un bassin, d'un rai de lumière qui, au plafond, danse. Le désir de s'enfuir renaît chaque fois au spectacle de la campagne, bien qu'il témoigne de l'amitié pour sa garde, Mme Guérin, pour Lemeri, surveillant du jardin de l'Observatoire, pour Itard, enfin — sauf lorsque celui-ci prolonge les « leçons », ce qui a pour conséquence de mettre Victor en fureur. Car les « intérêts intellectuels » du sauvage demeurent limités. L'attention volontaire pourtant se développe : l'œil suit le mouvement d'un objet rapidement déplacé et mis sous diverses caches. L'enfant pourtant demeure indifférent d'abord à tous les sons que l'on prononce sauf à la voyelle O qui le fait se retourner — raison pourquoi Itard l'appellera Victor. Peu à peu, il parvient à dire toutes les voyelles, sauf U, et trois consonnes, dont L, qui va servir à former le premier vocable : *lait*, que le jeune garçon articule en présence de l'aliment mais d'abord comme on jette un cri devant une chose, non pour la réclamer en fait. Le médecin se décide à lutter pour le langage de son élève. Il construit de nombreux lotos, où Victor pourra placer, sur les cases correspondantes, divers objets d'usage, diverses figures géométriques amovibles — quelles qu'en soient les couleurs — la totalité des lettres de l'alphabet, enfin. De ces lettres, le pédagogue patient — et au moins ici traditionaliste — passe aux mots, à ce *lait,* en premier lieu, que Victor prononce quelquefois, et qu'il apprend non seulement à identifier en signe graphique, mais encore à employer en le montrant écrit sur un carton afin d'obtenir le précieux breuvage.

Le second rapport d'Itard, en 1806, fait état de progrès nouveaux. Six ans ont passé. L'activité de Victor reste limitée. Un éclair imaginatif lui fait constituer un jour un porte-crayon avec une petite broche creuse ramassée dans les cuisines : ce sera sa grande invention. La plupart du temps, il s'occupe aux travaux ennuyeux et faciles, découpant, par exemple, du bois à la scie et marquant un vif plaisir lorsque le billot se scinde et tombe sur la dalle de la cour. Il prend plaisir, du reste, à se rendre utile, à mettre, notamment, méticuleusement le couvert, et ce souci de bien faire est à l'origine, le jour de la mort de l'époux Guérin, d'un épisode émouvant dans l'histoire de sa vie. Ayant placé par habitude l'assiette du défunt et provoqué les sanglots de sa gouvernante, Victor visiblement peiné, confus, répare son erreur et ne la commettra jamais plus. Itard a raconté la longue aventure pittoresque de cette socialisation de Victor et les profondes modifications de ses attitudes émotionnelles. Certes, l'enfant, trois ans après son hébergement rue Saint-Jacques, conserve ses désirs de vagabondage et sa manie de se jucher dans les arbres : à une réunion de Clichy-la-Garenne — où se trouvaient Mme de Staël et quelques hauts personnages — il offre le spectacle de ses talents de grimpeur. Quand le médecin l'emmène dîner en ville, celui-ci a de la peine à l'empêcher de courir et, pour sa tranquillité, prévoit toujours un fiacre. Chaque fois qu'on le prive de promenade, il souffre cruellement et tente de quitter l'Institution. Il y parvient de temps en temps et gagne au sud la « barrière de Denfert », ou, au nord, les bois de Senlis mais il en éprouve ensuite du remords. Revoyant Mme Guérin, après une fugue et deux semaines d'emprisonnement, il s'évanouit dans la honte et la joie mêlées. Soucieux de satisfaire ceux qui l'entourent il est également soucieux de comprendre et de savoir : il rit quand Itard le félicite, geint quand il le réprimande — plus touché par la sanction morale que par la sanction physique, soumis, contrit, quand le châtiment lui paraît fondé, révolté, au contraire, quand il subit, dans des « expériences pour voir », des dommages arbitraires.

Non moins étonnant est l'éveil des fonctions intellectuelles du sauvage sous l'effet de la pédagogie itardienne. Il faut dire que le grand pédagogue en dépit de sa bonté n'hésite pas parfois à recourir à quelques procédés coercitifs. Ayant remarqué qu'une fois, Victor, se penchant au-dessus d'un parapet, fut pris d'une grande frayeur, il prend un jour son élève récalcitrant à bras-le-corps et, d'une fenêtre du 4e étage, le suspend au-dessus du vide. Deux minutes plus tard l'enfant, blême, range son matériel d'études et, pour la première fois, laisse couler des larmes. Condillacien, Itard tient toujours pour essentielle l'éducation des sens. Victor apprend à distinguer du bout des doigts, au fond d'un sac, marrons froids et marrons chauds, châtaignes et glands, noix et cailloux, voire, entre elles, des lettres découpées. De même, il est conduit à différencier le son de la cloche et celui du tambour, le bruit d'une baguette sur du bois ou du fer, enfin, les unes par rapport aux autres, des lettres prononcées. Victor, depuis la fin de la première année, lit quelques graphies et les emploie pour se faire servir. Itard l'incite à d'autres efforts. En désignant les mots sur un tableau, en faisant suivre leur contour de l'index, en contraignant à l'épellation, le médecin obtient de son élève des reconnaissances convenables, puis plaçant les représentations écrites contre les objets correspondants et supprimant subitement ceux-ci, invite l'enfant à les chercher et à les produire. Longtemps, la conscience de Victor s'affole dans l'irritant problème de la compréhension et de l'extension des concepts. Le mot « livre », pour lui, ne désigne d'abord que le livre de chevet de son maître, c'est-à-dire un seul objet concret. Quelque temps plus tard — comme les très jeunes enfants — il commet l'erreur inverse, donnant à n'importe quoi de semblable — à un journal, à un cahier, à un registre — le même nom. De longs exercices le conduisent à un relatif équilibre et à l'emploi juste des mots à travers le conflit des ressemblances et des différences. Itard veille à ce que Victor apprenne à manipuler par étiquettes non seulement les termes désignant les êtres, mais ceux indiquant les rapports — dans l'ordre par exemple des quantités — et ceux, encore, incarnant les actions — la méthode pédagogique consistant, dès lors, essentiellement, à faire *agir* l'enfant lui-même. Celui-ci demeure muet mais il sait, peu à peu, écrire. Le médecin l'invite à imiter des gestes simples, à faire courir une baguette sur des arabesques, puis un crayon sur les méandres des mots. Au bout de quelques mois Victor perd le statut de l'idiot : il sait saisir le sens des mots, les reproduire sans exemple et indiquer par l'écriture l'essentiel de ses désirs et de ses vœux.

Le 3 mai 1806, une lettre du ministère de l'Intérieur adressée à l'Administration des sourds-muets, fait savoir que la somme allouée « à la Dame Guérin » — 150 francs par an — pour ses « peines et soins » à l'égard du *Sauvage de l'Aveyron* continuera d'être versée. Itard, alors que Victor atteint les dix-huit ans, confie en effet la garde du « jeune homme » à celle qui s'occupe de lui depuis son arrivée à Paris. Il vivra désormais dans une dépendance de l'Institution, 4, impasse des Feuillantines, et y mourra quadragénaire en 1828. Nous ne rouvrirons pas, à propos de Victor, le procès des enfants sauvages. Nous avons dit plus haut ce qu'il faut en penser. Nous nous contenterons, pour l'histoire, de rappeler l'opposition qu'Itard rencontra de la part de ceux qui partageaient les préjugés d'une époque où régnait la pensée essentialiste, de la part de ceux qui exprimaient les conceptions d'un temps où, par rapport aux actuelles sciences de l'homme, la « sagesse » psychologique jouait le rôle de l'alchimie en regard des actuelles sciences de la nature. Au XIXe siècle l'idée régnait qu'un petit d'homme naît naturellement armé pour la vie sauf dans les cas étiquetés de détérioration biologique. Considérant les faibles forces mentales du *Sauvage de l'Aveyron* et les limites de ses progrès Bousquet crut pouvoir triompher : « si réellement, disait-il, ne lui a manqué que la puissance de l'exemple pour rompre des liens qui tenaient sa raison enchaînée, il est clair que rien ne pouvait l'empêcher de prendre son essor quand il a respiré l'air de la civilisation ». Rien, en vérité, sauf l'impossibilité d'avoir six ans une nouvelle fois, de guérir par miracle de la sclérose intellectuelle et d'effacer le long, le douloureux traumatisme dû à l'isolement prolongé. Bousquet parlait comme si le passé ne comptait pas, comme si les archéopsychismes ne jouaient aucun rôle dans la vie adolescente et adulte, comme si le rachitisme mental pouvait disparaître sous le magique effet d'une parole ou d'un regard. On pense ici, invinciblement, au

« racisme » ou au « droitisme » qui, tolérant au départ des différences de condition, tentent, hypocritement parfois, bêtement toujours, de les justifier par leurs *conséquences*. Esquirol, contemporain d'Itard, comme Bousquet, usait des mêmes paralogismes et voyait dans l'enfant de l'Aveyron un « idiot fugitif ou abandonné par des parents dénaturés ». Les absurdités pleuvaient, qu'assumèrent, à leur tour, Delasiauve et Bourneville. Le premier eut la candeur d'écrire que le « sauvage » d'Itard « a été ce que, d'après sa nature, il devait être » et le second ne mit pas clairement en doute le souverain décret du premier. Pourtant, l'un et l'autre, examinant l'entreprise pédagogique itardienne reconnaissaient d'abord qu'elle eût pu avoir de meilleurs résultats encore si elle eût résidé, selon le mot de Delasiauve, moins en « des leçons éparses et abstraites » qu'en une « fermentation constante et toute pratique », si elle eût fait appel, aussi, « à l'émulation, à la rivalité, qui, comme les enfants ordinaires, stimule les idiots ». Très certainement, « le sauvage, ainsi cultivé, se fût manifesté par plus de surface ». C'est une concession assez légère mais Bourneville, pour sa part, va plus loin. « L'une des causes qui ont fait que les efforts, l'ingéniosité et l'intelligence d'Itard n'ont pas été plus fructueux, écrit-il, tient certainement à l'âge déjà avancé de son élève, lorsqu'il lui a été remis. » Avec raison Bourneville signale comme un obstacle à l'éducation les anciennes habitudes de liberté des champs, d'où « la nécessité de lutter non seulement contre les lésions cérébrales qui [auraient pu occasionner] l'arrêt de développement des facultés, mais aussi contre les habitudes contractées dans la vie sauvage ». Le seul ennui, en cet aveu, c'est qu'il maintient, côte à côte, l'hypothèse de l'arriération innée et celle de l'arriération acquise. Or, s'il est vrai que Victor a erré, pendant quelques années au moins, dans les forêts montueuses du Languedoc et du Rouergue, le déficit cérébral allégué n'est en revanche attesté par aucun rapport d'autopsie. La supposition d'une origine organique à l'oligophrénie de l'enfant ressemble ici à beaucoup d'autres suppositions-refuges. Personne n'en peut, de front, démontrer l'inanité mais nous n'avons aucun motif d'y croire et tout, au contraire, contre elle, plaide éloquemment.

Sous l'assaut de ses amis, Itard a pu, parfois, se sentir ébranlé, d'autant plus que, partiellement prisonnier des idéologies de son temps, il avait lié trop étroitement le pronostic pédagogique au diagnostic psychologique. Rien n'est parvenu cependant à lui faire renoncer vraiment à la manière condillacienne d'interpréter le donné. Avec un peu d'amertume et de mépris, Itard parle de ceux qui, en 1806, ne s'intéressent plus à l'enfant et qui, jadis, « ont cru le juger ». Il refuse de se laisser enfermer dans les sophismes de la mauvaise foi. Il rappelle chez Victor les progrès des sens dans l'apprentissage de la perception, l'exercice correct des grandes fonctions mentales, l'accès à la conscience du signe, l'apparition du bon vouloir, du scrupule et du repentir. Les membres de l'Institut auxquels on avait soumis le « second mémoire » reprenaient, presque mot pour mot, sous la plume de Dacier, l'argument dernier du médecin : « On doit d'abord, au sujet de Victor, considérer le point où il est parti et celui où il est arrivé, car ce jeune homme, pour être jugé sainement, ne doit être comparé qu'à lui-même. » Après six années d'observations et d'expériences, Itard restait fidèle à la doctrine de son premier rapport où, dans son beau style, il rappelait que, « jeté sur ce globe, sans forces physiques et sans idées innées... dans la horde sauvage la plus vagabonde comme dans la nation d'Europe la plus civilisée, l'homme n'est que ce qu'on le fait être » ou, du moins, trouve-t-il « dans la plus belle prérogative de son espèce, la susceptibilité de développer son entendement » par la magie des relations de soi-même aux autres, par celle des exemples et des leçons que l'entourage humain peut, seul, lui offrir. La vérité que proclame en définitive tout ceci c'est que l'homme en tant qu'homme, avant l'éducation, n'est qu'une simple éventualité, c'est-à-dire moins, même, qu'une espérance.

Paris, avril-juin 1963

BIBLIOGRAPHIE

Philippe CAMERARIUS Operae horarum subcisvarum sive meditationes historicae auctiores, Francofurti typis J. Saurii impensis P. Kopffii 1602, I, pp. 343 et sq; *Cite l'enfant de Hesse et l'enfant de Bamberg.*

PISTORIUS Scrip. rerum a Germanis gestarum. Francfort. 1613. Additiones ad Lambert. Schafnaburg. Appositae ab Erphes ferdensi monacho anon. p. 264. *Sur l'enfant de Hesse.*

Kenelm DIGBY Two treatises in the one of which the nature of bodies, in the other the nature of mans soule is looked into : in way of discovery of the immortality of reasonable soules. Paris, G. Blaizot, 1644 pp. 247-248. *Sur Jean de Liège.*

Nicolas TULP Observationes medicae. Amsterdam, D. Elseviriium, 1672 (cf. IV, ch. 10, 5ᵉ édition L. B. 1716, p. 296). *Sur l'enfant irlandais.*

Bernard CONNOR Evangelium medici : medicina mystica. Londres, R. Wellington, 1697. Édition de 1699, p. 133. The history of Poland in several letters to persons of quality... Londres, D. Brown 1698-I, pp. 342 et sq. *Signale le troisième enfant-ours de Lithuanie.*

Leipziger Zeitungen von gel Sachen, 1725 n° 104, et 1726 n° 17, 61, 88. *Sur Peter.*

Breslauer Sammlungen vol. XXXIV, déc. 1725 p. 659 et vol. XXXVI, avr. 1726 p. 506. *Sur Peter.*

Zu verlassige nachricht von dem bei Hameln gefundenen wildern Knaben. Wobei dessen seltsame figur in Kupfer gestochen befindlich, 1726. 4T. *Sur Peter.*

Étienne de CONDILLAC Essai sur l'origine des connaissances humaines. Amsterdam, P. Mortier, 1746. Tome premier. Section quatrième. Chapitre II, pp. 202-205. *Cite le deuxième enfant de Lithuanie.*

Louis RACINE Épître II. Sur l'homme. Poésies nouvelles, Paris, Desaint et Saillant, 1747 pp. 28-29. *12 vers et une note concernant la fille de Sogny.* Éclaircissement sur la fille sauvage dont il est parlé dans l'Épître II sur l'homme, in Œuvres de Louis Racine, Paris, Le Normant, 1808, pp. 575-582. *Itard reprendra cet exemple d'après Bonnaterre et, dans son premier rapport sur Victor, citera Racine avec la référence fausse :* La Religion, poème *au lieu de :* Épître II, *qui est un tout autre ouvrage.*

Ein brief des Hamelschen Burgemeisters Palm. V. 1741, C. F. Fein's Entlareter Fahel von Ausgange der Hamelschen Kinder ; Hanovre 1749 p. 36. *Sur Peter.*

Gentleman's magazine vol. XXI 1751 p. 522 ; vol. LV, 1785 P. I, pp. 113, 236, P II p. 851. *Sur Peter.*

Jean-Jacques ROUSSEAU Discours sur l'origine de l'inégalité parmi les hommes. Note c. Première édition 1754. Réed. Garnier, 1962. pp. 94-96. *Donne 5 exemples. Prétend que la position debout est naturelle à l'homme et que les enfants quadrupèdes n'ont dû leur état qu'à une imitation fortuite de l'animal, imitation qui triompha des dispositions anatomiques. Le regard de Rousseau est aveuglé : le « bon sauvage » est intelligent, généreux et bipède.*

Charles-Marie de LA CONDAMINE Histoire d'une jeune fille sauvage trouvée dans les bois à l'âge de dix ans. Paris,

H... (Hecquet ?) 1755. *Sur la fille de Sogny dite Marie-Angélique Memmie Le Blanc 72 pages de faits parfois croyables, le plus souvent fantaisistes ou invraisemblables.*

Olivier SWIFT Swift's works, 1755 vol. III P. I p. 132. *Sur Peter.*

Carl von LINNE Systema naturae. 10ᵉ édition. (Stockholm) Laurentii Salvii, 1758 Tome I, p. 20. *L'auteur rassemble 7 exemples. Contrairement à ce que dit Zingg, Linné donne la bonne date de découverte du « juvenis lupinus hessensis » : 1344. C'est dans la 13ᵉ édition que l'on pourra lire : 1544, erreur de typographie sans doute.*

Systema naturae, 13ᵉ édition. Leipzig, George Immanuel Beer, 1788, Tome I, p. 21. *L'auteur ajoute 3 nouveaux exemples à la précédente liste : le juvenis bovinus bambergensis (emprunté à Camerarius) la puella transislana et la puella campanica.*

Johann Christian Daniel von SCHREBER Die Säugthiere in Abbildungen nach der Natur mit Beschreibungen. Tome I. Erlangen, Wolfgang Walther, 1775 pp. 31-37. *Reprend la nomenclature de Linné, fournit de précieux renseignements sur chaque cas et en ajoute 2 autres. Orthographie Sogny : Songi, comme La Condamine et Zingg.* Trad. Histoire naturelle des quadrupèdes représentés d'après nature. Erlangen, Wolfgang Walther, 1775, I, pp. 38-43.

James BURNET, lord Monboddo Ancient metaphysics. Londres, 1784, vol. 3, pp. 57 et 367. *Sur le sauvage Peter.*

Johann Gottfried von HERDER Zur Philosophie und Geschichte IV-VII Ideen zur Geschichte der Menschheit ; cité par Zingg Am. J. of Psy. 1940 p. 488 avec la référence : « Ideen zur Philosophie der Geschichte der Menschheit » — Nazionale Literatur (?) 77, édition 1784 pp. 1070-1109. *Reprend la liste des cas d'après Schreber.*

Michaël WAGNER Beiträge zur philosophischen Anthropologie und den damit verwandten Wissenschaften. Vienne, Joseph Stahel, 1794, p. 251-268. *Parle de l'enfant de Kronstadt et de l'enfant de Hongrie. Cite deux lettres notamment celle datée de Zips le 11 octobre 1793.*

Constant de SAINT-ESTEVE Rapport sur le sauvage de l'Aveyron (2 pluviôse an VIII) 22 janvier 1800. In Bonnaterre, Notice historique, p. 23-26.

Journal des Débats (5 pluviôse an VIII) 25 janvier 1800. Lettre du citoyen N. sur le sauvage de l'Aveyron.

Pierre-Joseph BONNATERRE Notice historique sur le sauvage de l'Aveyron et sur quelques autres individus qu'on a trouvés dans les forêts à différentes époques, Paris, Vve Panckoucke, 1800. *Les premières observations concernant Victor par le professeur d'histoire naturelle de l'école centrale de l'Aveyron. Connaît Linné et von Schreber. Cite la « puella karpfensis » la fille sauvage qui aurait été découverte nue dans une caverne en 1767.*

Jean-Marc Gaspard ITARD De l'éducation d'un homme sauvage ou des premiers développements physiques et moraux du jeune sauvage de l'Aveyron. Paris, Goujon, 1801. Rapport fait à S. E. le ministre de l'Intérieur sur les nombreux développements et l'état actuel du sauvage de l'Aveyron. Paris, Imprimerie Impériale, 1807. *Réédition des deux ouvrages sous le titre :* Rapports et mémoires sur le sauvage de l'Aveyron. Préface de Bourneville. Textes introductifs de Bousquet et Delasiauve. Paris, Alcan, 1894.

Traduction anglaise par George et Murial Humphrey : « The wild boy of Aveyron ». New York, Appleton Century Crofts, 1932.

Franz Joseph GALL et G. SPURZHEIM Anatomie et physiologie du système nerveux en général et du cerveau en particulier. Paris, F. Schoell, 1810, vol. 2 pp. 42-43. *Une défense de la « nature humaine ». Victor et un enfant de Lithuanie sont cités. « La première question à décider est de savoir si ces êtres, à qui l'éducation a manqué, n'étaient pas déjà des imbéciles. »» Les auteurs posent celle-ci sans la résoudre. Selon Zingg, Gall et Spurzheim feraient allusion à deux cas si peu précis qu'il serait vain d'en tenir compte. cf. Am. J. of Psy. 1940. p. 489.*

Johann Friedrich BLUMENBACH Beiträge zur Naturgeschichte. Gottingen-Henrich Dieterich, 1811. Traduction anglaise : par Thomas Bendyshe-The Anthropological treatises of Johann Friedrich Blumenbach. Londres. Longman, 1865 pp. 329-340. *Un long chapitre critique sur Peter de Hameln. Toute l'œuvre de Blumenbach est entachée de préjugés « biologistiques ».*

Karl Asmund RUDOLPHI Grundiss der Physiologie, 2 vol. Berlin, Ferdinand Dümmler, 1821, I pp. 25-26. *Expose le problème en s'inspirant de Blumenbach.*

Wilhelm HORN Reisendurch Deutschland, Ungarn, Holland, Italien, Frankreich, Grosbritannien und Ireland. « Gott. gel. Anz. » ; juillet 1831. p. 1097 ; cité par von Feuerbach : Kaspar Hauser, p. 50. *Apporte un nouvel exemple.*

Schmith von LUBECK Uber Kaspar Hauser. Altona, 1831, cité par von Feuerbach : Kaspar Hauser, p. 53.

Paul J. Anselm von FEUERBACH Kaspar Hauser, Beispiel eines Verbrechens am Seelenleben des Menschen. Ansbach. J. M. Dollfuss, 1832. *L'histoire de Gaspard Hauser racontée par l'un de ceux qui l'ont recueilli.* Traduction anglaise : « Caspar Hauser » par H.-G. Lindberg, Londres, Simpkin and Marshall, 1833.

A. BOUSQUET Éloge historique d'Itard. 1er décembre 1839. Paris, Mémoires de l'Académie de Médecine, 1840 tome VIII p. 1 et sq. Réédition Bourneville Rapport et mémoires sur le sauvage de l'Aveyron. Paris, Alcan 1894, p. XI-XXVIII. *Bousquet situe, par erreur, la naissance d'Itard en 1775. Le registre des baptêmes d'Oraison, conservé aux archives de la mairie, porte pour date 25 avril 1774, en regard de l'indication : Jean Itard.*

Édouard MOREL Notice biographique sur le Docteur Itard. Annales de l'Éducation des sourds-muets et des aveugles, 1845 pp. 84-99.

Édouard SEGUIN Traitement moral, hygiène et éducation des idiots. Paris, 1846. *Parle des travaux de son maître Jean Itard.* L'idiotie, son traitement par la méthode physiologique. New York, 1866. *Une nouvelle version de l'œuvre de 1846.*

Johann Friedrich Immanuel TAFEL Die fundamentale Philosophie in genetischer Entwickelung mit besonderer Rucksicht auf die Geschichte jedes einzelnen Problems. I ; 1848, 44 ; cité par Zingg Am. J. of Psy., 1940 p. 490. *Discute le point de vue de Blumenbach. Non seulement rassemble toutes les données antérieures mais ajoute des cas nouveaux. Idée centrale : l'arriération des enfants sauvages est due à l'isolement.*

Jenkins THOMAS An account of wolves nurturing children in their dens. Printer 9, Cornwald street, Plymouth 1852 ; cité par Zingg Am. J. of Psy., 1940 p. 490.

William Henry SLEEMAN A journey through the kingdom of Oude. 2 vol. Londres, Richard Bentley, 1858 ; cité par Zingg Am. J. of Psy. p. 490 avec comme date 1848. *Le major général Sir William Sleeman se trouva en 1849-1850 dans les Indes, au royaume de Oude (Midnapore est dans le Oude). Il y combattait les Thugs. Rapporte plusieurs cas d'enfants-loups : sept en tout, dont un sur la foi d'un témoignage assez vague.*

E.-B. TYLOR Wild men and beast children. Anthropological review I, 1863 pp. 21-32 ; cité par Zingg Am. J. of Psy., 1940 p. 491. *Le premier grand spécialiste des cas d'isolement. Révise la question en se fondant sur les faits nouveaux rapportés par Sleeman. Critique vivement Blumenbach. Cite lui-même deux cas remontant à l'époque du Premier Empire où les guerres avaient fait bien des enfants perdus.*

Francis GALTON The domestication of animals. Transactions of the ethnological society of London. N.S. 3, 1863 p. 136 ; cité par Zingg Am. J. of Psy. p. 491. *Assume la thèse culturaliste de Tylor.*

DELASIAUVE Appréciation des rapports d'Itard. Journal de médecine mentale. 18... *Le texte, postérieur à 1864, est repris dans l'édition Bourneville : « Rapports et Mémoires sur le sauvage de l'Aveyron » Paris, Alcan 1894. pp. XXIX-XLVII.*

Paul VERLAINE « La chanson de Gaspard Hauser » — titre primitif de « je suis venu calme orphelin » poésie écrite à la prison des Petits-Carmes à Bruxelles. Sagesse, 1873 ; réed. Gallimard, coll. Pléiade p. 183. *Il existait une version « zutique » dont le titre-calembour était : « La chanson du gars pas poseur ». Plus tard, dans « Mémoire d'un veuf », scénario pour un ballet, Verlaine reprendra l'histoire de Gaspard Hauser qui semble l'avoir beaucoup impressionné.*

Valentin BALL Jungle life in India. Londres, T. de la Rue, 1880 ; cité par Zingg. Am. J. of Psy., 1940 p. 491 avec la référence : « Bunhill Row editor ». *Sur des enfants sauvages indiens.*

August RAUBER Homo sapiens ferus oder die Zustände der Verwilderten und ihre Bedeutung für Wissenschaft, Politik und Schule. Biologische Untersuchung. Leipzig, Denicke 1885. *Ajoute un cas. Critique la thèse de Blumenbach. Pense le problème en culturaliste. Livre capital de 134 pages entièrement consacré aux enfants sauvages et comportant une riche documentation historique.*

William Francis PRIDEAUX Wolf boys. Notes and queries 6e S 12, 1885 p. 178. Cité par Zingg Am. J. of Psy., 1940 p. 491.

The zoologist (Linneus society) About the feral men 12, 1888 N. 135 pp. 87-88.

Elisabeth Edson EVANS The story of Kaspar Hauser from authentic records. London, S-Swan 1892.

Hugues LE ROUX Notes sur la Norvège. Paris Calman-Lévy, 1895 p. 16. *Parle de « la petite poule des neiges de Justedal ».*

H.-G. Ross About the feral men-The field 9, 1895 N. 2237 p. 786. *Signale un cas d'isolement en Inde.*

Lippincott's magazine Wolf children — 61, 1898 — p. 121. *L'article révèle un cas d'isolement, en Inde de nouveau.*

G.-C. FERRIS Sanichar, the wolf boy of India. New York 1902. Cité par Claude Lévi-Strauss. Structure élémentaire de la parenté p. 4.

A. BELLANGER Le docteur Itard. Revue générale de l'enseignement des sourds-muets, mai 1904. *Reproduit notamment un fragment du testament d'Itard dont le texte complet est inséré dans : « Mémoire à l'appui d'une demande... formée par Joseph Petit » Digne. Vial. 1859 pp. 5-10.*

E.-C. Stuart BAKER The power of scent in wild animals. J. Bombay Natural History Society 27, 1920 pp. 117-118. *Note un cas, alors inconnu, d'enfant isolé.*

A. CASTEX Jean Itard, sa vie, son œuvre. Bulletin d'oto-rhino-laryngologie. Septembre 1920.

A.-F. TREDGOLD Mental deficiency. 1920 p. 304 ; cité par Zingg Am. J. of Psy., 1940 p. 493. *Pense que l'enfant isolé, notamment Gaspard Hauser, est « amens », de ce fait même.*

Édouard HERRIOT Madame Récamier et ses amis. Paris. Payot 1924 pp. 75-76. *Rapporte que le sauvage Victor, grimpé dans un arbre, donnait en 1803 des émotions aux invitées de Madame de Récamier à Clichy-la-Garenne.*

Maria MONTESSORI Pédagogie scientifique, 1926. Traduction française de Georgette J.-J. Bernard, 3ᵉ édition. Paris.

Desclée de Brouver, 1958, pp. 24-29. *Sur le sauvage de l'Aveyron et la pédagogie d'Itard.*

Herman Pies Kaspar Hauser. 1926 : cité par Zingg Am. J. of Psy., 1940 p. 496.

New York Times Amala and Kamala, 22 oct. 1926 p. 1 ; 23 oct. 1926, p. 11 ; 26 déc. 1926 p. 4. *Les premiers articles qui révèlent aux U.S.A. l'existence des filles-louves de Midnapore.*

Time Amala and Kamala, 1er nov. 1926 p. 25.

Peitserley Kaspar Hauser Ansbach-Druck, C. Brugel und Sohn ; cité par Zingg Am. J. of Psy., 1940 p. 496.

The Pioneer (Indian periodic) About the wild boy of Maïwana, 5 avril 1927. *Première information connue concernant ce cas d'isolement.*

The Englishman (Indian periodic) About wild boy of Maïwana 7 avril 1927.

New York Times Amala and Kamala, 30 janvier 1927 p. 14 ; 6 avril 1927 p. 11 ; 12 mai 1927 p. 20.

Literary digest India's wolf children 95, 8 octobre 1927 pp. 54-56. *Sur l'enfant de Maïwana.*

Living Age About wild boy of Maïwana 332, 1927 pp. 1020-1022.

P. C. Squires Wolf children of India Am. J. of Psy. 38, 1927. pp. 313-315. *Première note parue dans l'American Journal of Psychology concernant Amala et Kamala, les filles-louves de Midnapore. Le docteur Squires a reçu, à ce sujet, une lettre du Révérend Singh.*

New York Times About the wild boy of Maïwana, 6 avril 1927 p. 4 ; 27 avril 1927 p. 11 ; 2 mai 1927 p. 20 ; 10 juillet 1927 p. 10 ; 17 juillet 1927 p. 9.

Luise Bartnig Altes und Neues zu Kaspar Hauser, 1930 ; cité par Zingg Am. J. of Psy., 1940 p. 496.

E.-T. Kruger et W.-C. Reckless Social Psychology New York Longmans-Green, 1931 pp. 38-39. *Considère*

*comme très instructifs en psychologie sociale les phéno-
mènes d'extrême isolement.*

W.-N. KELLOG More about the wolf children of India. Am. J.
of Psy. 43, 1931 pp. 508-509. *Publie une information
due au Professeur Mumby du Christian College de
Lucknow (Inde) lequel cite une lettre originale du
Révérend de Midnapore qui captura les fillettes-louves.
La lettre est du 22 janvier 1931. Elle relate précisément
les circonstances de la découverte et donne un schéma
de l'évolution psychologique de Amala et Kamala.*

A further note of the wolf children of India. Am. J. of
Psy. 46, 1934 pp. 149-150. *Fait mention d'une lettre
émanant directement du Révérend Singh et cite, in
extenso, le rapport du Dr Sarbadhicari qui soigna
Amala et Kamala, du jour de la capture à leur mort.
Kellog conclut : « ces enfants sont indiscutablement les
exemples les plus frappants d'enfants-sauvages connus
à notre époque. La publication des documents exhaus-
tifs est attendue avec un vif intérêt. »*

R.M. ZINGG Extreme cases of isolation — Illustrated Weekly
of India, 5 février 1933 p. 37. *Sur un nouveau cas
d'enfant-loup aux Indes.*

G.-M. STRATTON Jungle children. Psychological Bulletin 31,
1934 pp. 596-597.

New York Times Anna of Pensylvania, 6 février 1938. *Cet
article révèle la découverte d'Anna, bâtarde séquestrée
dans une ferme américaine en raison de l'hostilité de
l'aïeul maternel. Le cas sera plus tard étudié par
Kingsley Davis.*

A. PORCHER Itard. Revue Générale de l'Enseignement des
sourds-muets, trois numéros : juin 38, pp. 113-124 ;
juillet-sept 38 pp. 129-132 ; octobre 38, pp. 1-6.
*Bibliographie d'Itard et résumé de l'histoire du Sauvage
de l'Aveyron. L'auteur attribue à tort à Linné la
désignation « Juvenis Averionensis » Linné, mort en
1778, n'a pas connu l'élève d'Itard. Cette expression à*

la mode latine est de Bonnaterre dans sa « Notice Historique » de 1799.

S.-H. Hutton About the wild boys. « London Times » 24 juillet 1939. *Cite le cas d'un nouvel enfant sauvage.*

R.-M. Zingg Feral man and extreme case of isolation. Am. J. of Psy. 53, 1940 pp. 487-517. *L'étude la plus complète qui ait jamais été publiée sur la question. A un aperçu historique du problème succède une évocation des exemples incertains, probables et authentiques. L'auteur retient 36 cas. En la première partie, analytique, il dresse une nomenclature (pp. 487-503). En la seconde partie, synthétique, le portrait de l'homo ferus est tracé (pp. 504-517). Tout au long de l'article, une abondante bibliographie se suspend au bas des pages dont on peut seulement regretter parfois le caractère évasif et lacunaire (ou sans suffisante exactitude lorsqu'il s'agit des textes du xviiie ou du xixe siècle). Nous avons complété et rectifié de très nombreuses indications après lecture et examen des ouvrages à la Bibliothèque Nationale au Muséum d'Histoire Naturelle et à la Bibliothèque de l'École Normale Supérieure à Paris.*

Science new letter Amala and Kamala, 13 juillet 1940 pp. 26-29.

Reader's digest Amala and Kamala, août 1940 pp. 40-42.

Kingsley Davis Extreme isolation of a child. Am. J. of Sociology 45, 1940 p. 554-565. *Le cas d'Anna, fillette ayant subi la claustration. Kingsley Davis a suivi l'évolution de l'enfant en compagnie de Richard G. Davis. Rapporte l'examen physiologique du Dr Edmond Carr.*

F.-N. Maxfield (Ohio State University) An extreme case of isolation, 1940 ; cité par Zingg Am. of Psy., 1940 p. 517. *Un cas semblable à celui d'Anna.*

Science A discussion of baboon boy case, 22 mars 1940 pp. 291-292. *Sur le prétendu enfant-babouin d'Afrique du Sud.*

J.-P. FOLEY The baboon boy of South Africa. Am. J. of Psy. 53, 1940 pp. 128-133. *Présente comme vraisemblable un cas d'isolement qui n'a, en fait, connu de réputation qu'à la faveur d'une supercherie. Zingg, la même année, dans la même publication, va répondre à Foley et montrer qu'on ne peut retenir cet exemple.*

R.-M. ZINGG More about the baboon boy of South Africa. Am. J. of Psy. 53, 1940 pp. 455-462. *Détruit la légende de Lucas présentée par J.-P. Foley. Cite les témoignages du Professeur Raymond A. Dart, du superintendant médical J.-A. van Heerden, du Docteur E.-G. Dury, du Docteur C.-G. Cassidy et du lieutenant-colonel de Police O.-J.-T. Horak.*

Time Amala and Kamala, 3 mars 1941 pp. 58-60.

Scientific American Amala and Kamala, mars 1941 pp. 135-137.

American Weekly Amala and Kamala, 18 mai 1941 pp. 12-13 17.

Arnold GESELL The biography of a wolf child. Harper's magazine, janvier 1941 pp. 184-193. *Un résumé de l'histoire de Amala et Kamala.*
Wolf child and human child. New York, Harper 1941, édition anglaise : Londres, Methuen, 1941. *Le cas de Amala et Kamala d'après le journal du Révérend Singh. Avec de nombreuses planches photographiques. Gesell tient pour fantaisistes les objections de ceux qui voient une oligophrénie intrinsèque où il n'y a qu'une arriération par absence de toute éducation.*

W. DENNIS The signifiance of feral man. Am. J. of Psy. 54, 1941 pp. 425-432. *Suppose que les traits de comportement des « homines feri » peuvent s'expliquer par l'oligophrénie native et que leur survie solitaire n'a dû être que de courte durée. Zingg fournira des réponses à ces objections dans la même revue pp. 432-435, à la suite de l'étude de Dennis.*

R-M ZINGG Reply to professor Dennis : « The signifiance of feral man » Am. J. of Psy. 54, 1941 p. 432-435. *Zingg répond à Dennis : les enfants sauvages authentiques ont connu un long isolement et n'étaient nullement des arriérés constitutionnels.*

J-A.-L. SINGH et R. M. ZINGG Wolf children and feral man. New York, Harper 1942. *Le grand livre concernant Amala et Kamala ; écrit en collaboration avec le Révérend Singh et le professeur Zingg de l'Université de Denver.*

Kimball YOUNG Sociology, New York, American Book C°, 1942 pp. 5-8, II. *Porte un intérêt très vif, du point de vue sociologique, au problème du « feral man »*

F.-C. DOCKERAY Psychology-New York, Prentice Hall, 1942 pp. 82-83. *Voit dans les enfants sauvages les « preuves naturelles » de l'importance de la culture*

E.-D. CHAPPLE et C.-S. COON Principles of Anthropology, New York, Henri Holt, 1942 pp. 63-64. *Signale les cas de sauvagerie comme très importants dans la construction de la notion d'homme social.*

Saturday home Magazine Amala and Kamala, 30 août 1943 p. 5.

Coronet Amala and Kamala, mai 1943 pp. 141-150.

American Weekly About the baboon boy, 10 décembre 1944 p. 16. *Reprend la légende, d'après Foley.*

Jacob WASSERMANN Kaspar Hauser oder die Trägheit des Herzens-Singen. Oberbadischer Verlag (oberbadische Druck und Verlangsans talt 1947). *La vie romancée de l'enfant de Nuremberg.* Traduction française de Romana Altdorf : Gaspard Hauser ou la paresse du cœur. Paris club Français du livre, 1952.

Claude LEVI-STRAUSS Les structures élémentaires de la parenté, chap. I. Nature et Culture Paris. Presses Universitaires de France, 1949 pp. 2-5. *Expose le problème. Cite quelques ouvrages dont les références sont souvent fausses. Ce n'est pas, au fond, son sujet. Dit très justement que, de toute façon, l' « enfant sauvage » même authentique, ne peut symboliser quelque état d'une humanité première.*

W. DENNIS A further analysis of reports of wild children. Children development 22, 1951, pp. 153-158. *Nouvel examen polémique des documents concernant les « homines feri ».*

André DEMAISON Le livre des enfants sauvages. Paris, André Bonne, 1953. *Prend prétexte de deux cas qu'il a rencontrés pour une vie romancée d'Assicia. A lu Freeman et Valentin Ball, qu'il cite abondamment en un livre hâtivement écrit et qui recèle des erreurs que son auteur qualifie par avance de « poétiques ».*

Marian SMITH Wild children and the principle of reinforcement Child. development 25, 1954, pp. 115-123. *A la théorie de l'arriération par isolement l'auteur substitue celle de la démence par isolement.*

Otto KLINEBERG « Social psychology » New York Henry Holt revis. ed. 1954. Trad. française de R. Avidgor-Coryell. Paris P.U.F. 2ᵉ édition 1963 pp. 80-83. *Ne voit guère comment des enfants déficients auraient pu survivre dans des conditions aussi difficiles que celles de Kamala ou de Victor. Note que les enfants déficients du reste se conduisent en général de tout autre façon que ceux découverts loin de la société humaine. Conclut que certains (des témoignages) méritent d'être pris au sérieux.*

Henri PIERON « L'importance de la période préscolaire pour la formation de l'esprit ». Cahiers pédagogiques et d'orientation professionnelle. Liège 1954. *Prend pour exemple le cas de Anna, étudié par Davis.*

Maurice MERLEAU-PONTY « Les relations avec autrui chez l'enfant » cours professé au Collège de France. Paris

Centre de Documentation Universitaire, 1958 pp. 13-18. *Voit dans le mutisme de l' « homo ferus » la conséquence d'une frustration affective et d'une privation de « contacts sociaux ».*

R. FARENG « Le sauvage de l'Aveyron » Revue du Rouergue, oct-déc. 1959 pp. 402-417. *Une étude scrupuleuse de l'histoire de Victor et des « contributions d'Itard aux progrès de la pédagogie ».*

René ZAZZO « Les jumeaux, le couple et la personne » Paris P.U.F., 1960. Tome 1 pp. 44-45. Écrit : *l'exemple de Kamala montre qu'à la limite les effets de l'hérédité sur la genèse du comportement peuvent être quasiment nuls.*

Bergen EVANS The natural history of nonsense. New York, Alfred Knopf. *Un livre amusant parfois contestable.* Traduction française : « Histoire naturelle des sottises » par Bernard Heuvelmans et Jean Mergault. Paris, Plon 1961 pp. 61-68. *Avec une photographie de « Ramu ».*

Anna ANASTASI Differential psychology, 3ᵉ édition. New York, Mac Millan, 1962, pp. 107-112. *Considère que si certains cas d'isolement sont suspects, les cas valables sont riches d'enseignement en ce sens qu'ils confirment les connaissances que nous avons par ailleurs des processus d'acculturation.*

Paul SIVADON Infirmes et incurables. Recherches Universitaires, mars-avril 1963, p. 21. *Une interprétation culturaliste de l'arriération de Kamala par Sivadon, professeur de Psychiatrie à la Faculté de médecine de Bruxelles,* reprise dans le numéro spécial d' « Esprit », novembre 65 pp. 636-637.

Jean-Claude AUGER « Un enfant gazelle au Sahara occidental » Notes africaines nᵒ 98, avril 1963 pp. 58-61. *Auger a vu, à plusieurs reprises, du 22 septembre 60 au*

*13 octobre un enfant sauvage dans un des « garas » du
Tiris, au milieu de gazelles sahéliennes.*

O. MANNONI « Itard et son sauvage » Les Temps Modernes,
octobre 1965, n° 233 pp. 647-663. *L'auteur regrette
qu'Itard n'ait pas été Sigmund Freud.*

MÉMOIRE ET RAPPORT
SUR VICTOR DE L'AVEYRON (1)

PAR
JEAN ITARD

(1) Ces textes illustres étaient *introuvables* en France depuis 1894.

PRÉSENTATION

*Jean Marc Gaspard Itard naît le 24 avril 1774 à
Oraison, Basses-Alpes. Confié en 1782 à son oncle,
chanoine de la cathédrale de Riez, il entre au collège de
la ville, pour des études qu'il poursuit à Marseille chez
les Oratoriens. Son père le destinait à la Banque : il y fait
un essai malheureux et revient deux années à Riez. La
guerre révolutionnaire et le hasard le jettent à l'hôpital
militaire de Soliers alors qu'il ignore tout de la médecine.
Il y voit naître une passion médicale et suit les leçons de
Larrey, professeur d'anatomie. En 1796, Larrey appelle
auprès de lui, au Val de Grâce, le Dr Itard. Une place de
chirurgien s'ouvre. Itard se présente au concours et
triomphe. A l'époque, deux hommes dominaient la
médecine française : le premier, Pinel, confiant en la
stratégie scientifique, le second, Corvisart, partisan de la
tactique. Itard choisit la même voie que Pinel. Un jour,
rue Saint-Jacques, à la suite d'un accident, l'abbé Sicard,
Directeur — et successeur de l'abbé de l'Épée —, fait
appel à Jean Itard : quelque temps après — le 31 décembre 1800 — il lui proposera de devenir médecin-chef de
l'Institution impériale des sourds-muets.*

Itard vient d'avoir vingt-cinq ans et prépare une thèse

sur le pneumothorax qu'il présentera en 1803, lorsque l'enfant sauvage découvert dans l'Aveyron est conduit à Paris sur les ordres du ministre Champagny, conscient de l'importance du cas pour les progrès dans la connaissance de l'homme. L'enfant est remis à l'Institution de la rue Saint-Jacques où Jean Itard, d'emblée, se propose de l'éduquer. En 1801, il publie un mémoire sur son monstrueux élève, qui le rend célèbre dans l'Europe entière. L'empereur de Russie lui offre une bague de grand prix et lui propose, par l'intermédiaire de son ambassadeur à Paris, un poste de prestige à Saint-Pétersbourg. Itard refuse et, cinq ans plus tard, en 1806, sur l'invitation du ministre de l'Intérieur, fournit un rapport concernant les progrès qu'il a provoqués et constatés chez l'enfant, rapport que couvre d'éloges, au nom de l'Institut, Dacier, secrétaire perpétuel. Écrit de juin à septembre, le second ouvrage d'Itard est imprimé en 1807 « par ordre du gouvernement » — c'est-à-dire sur décision de Champagny.

Maître réputé, Itard habite dans le centre de Paris, reçoit le matin sa clientèle privée, mais revient, chaque soir, à l'asile des sourds-muets pour y prodiguer ses conseils et ses soins. Son esprit habile en tous sujets le conduit à aborder des questions multiples. Il écrit sur l'hydropisie, sur l'hygiène et, en des dissertations, sur le bégaiement, les fièvres intermittentes, et surtout, à plusieurs reprises, sur l'éducation orale. En 1821, année où il devient membre de l'Académie de Médecine, il publie son fameux Traité des maladies de l'oreille et de l'audition, le plus important depuis celui que le professeur d'anatomie de Bossuet, l'otologiste Duverney, avait écrit en 1683. Itard se dit frappé, du reste, par le dédain de la science de son temps pour tout ce qui a trait à l'organe de l'ouïe : elle ne sait guère plus de choses que

Galien. Il résume les anciens travaux descriptifs, propose des classifications, suggère quantité de techniques thérapeutiques, entre autres pour le cathétérisme de la trompe d'Eustache et la perforation de la membrane tympanique. Contrairement à l'opinion des auristes de son époque, il soutient, en outre, que la surdité n'a pas pour seule cause la paralysie du nerf auditif. Contrairement à une autre idée non moins établie, il montre que la surdité n'est que rarement totale et que, chez la plupart des individus diminués, au terme d'une exploration systématique, par l'acoumètre — qu'il invente — on constate des rudiments d'audition. En bref, il est le fondateur reconnu de l'oto-rhino-laryngologie.

Autre chose est de parler en théoricien de la physiologie ou de la médecine et autre chose de considérer les faits en pédagogue. Devant l'impossibilité du moins provisoire de guérir les sourds-muets, Itard cherche à leur enseigner malgré tout la parole. L'Antiquité avait ignoré les moyens d'instruire ces enfants handicapés. Avec Jacob Rodrigues Péreire, Itard tâchant à résoudre le problème, met son génie dans la recherche de la méthode. En opposition avec son temps, alors que tout le monde prêche le geste et la mimique, Itard prend parti pour la démutisation et tente d'imposer la lecture sur les lèvres et l'expression orale. Il vit un demi-siècle en avance par rapport à ses contemporains. Pendant près de quarante années il se consacre, avec une ingéniosité que vantent tous ses familiers, aux enfants de l'Institution. Pour avoir acheté à un guérisseur bordelais, au début de sa carrière, un pseudo-remède contre la surdimutité, Itard demeure convaincu qu'on n'est savant que par l'expérience, lucide que par le doute, intelligent que par l'acceptation des limites du savoir acquis. Insoucieux d'affermir une réussite matérielle, il cesse très tôt d'être praticien en ville pour se replier dans l'étude, au Faubourg Saint-Jacques, recevant, durant la matinée, les malades du dehors, si nombreux qu'ils doivent plusieurs semaines auparavant s'inscrire sur les carnets de consulte.

Longtemps après qu'il a tenté d'éduquer l'enfant aveyronnais, Itard y songe encore. Il pense que la mutité n'a pas que des origines organiques, que si l'attention ne permet pas d'écouter, la mémoire de conserver, l'éducation vocale de répéter, la parole ne peut apparaître. Il rédige, de 1822 à 1828, de nombreux rapports — trois notamment pour l'Académie — et en 1831, un Mémoire sur le mutisme produit par la lésion des fonctions, intellectuelles. Sensible aux rapports étroits qu'entretiennent l'audition et la phonation, le langage et la pensée, la culture et l'intelligence, il passe pour être non seulement un des premiers éducateurs de la surdi-mutité mais encore le premier pédagogue de l'oligophrénie qui, en cinq ans, aux prises avec l'extraordinaire Victor, inventa des procédés originaux pour éveiller en lui la conscience des réalités et leurs liaisons. Lorsque Bourneville, médecin de la section des enfants nerveux et arriérés de Bicêtre, décidera, en 1891, de créer une « Bibliothèque d'éducation spéciale », ce sera pour publier, dès le second tome, les « Rapports et mémoires sur le Sauvage de l'Aveyron » et pour dire, après Esquirol, contemporain et ami de l'auteur, après Husson et Bousquet, après Delasiauve, que « nous devons équitablement considérer Itard comme le promoteur de l'éducation des arriérés ».

On ne s'étonne donc pas de voir Itard cité constamment par Séguin, pédagogue des enfants inadaptés lui aussi. Séguin éducateur d'abord, médecin ensuite, appliquera pendant dix ans, en les modifiant, les techniques d'Itard, dans une école de la rue Pigalle. Émigré aux U.S.A., et toujours disciple fidèle de celui qu'il appelle son « *illustre maître* », *Séguin fondera de nombreux instituts pour déficients et diffusera, là-bas, la méthode itardienne. Maria Montessori, héroïne pédagogique, découvrira, en 1898, les écrits oubliés de Séguin et, simultanément, ceux d'Itard. Elle écrira, en 1926 : « Il faut bien convenir que les descriptions minutieuses d'Itard furent les premiers essais de pédagogie expérimentale... J'ai accompli pour ma part mes expériences à Rome, sur les déficients, durant deux années, selon le livre de Séguin et faisant mon trésor des admirables tentatives d'Itard. Guidée par ses tests, je conçus et fis construire un abondant matériel... Dans les* Mémoires d'Itard *on voit que des moyens très proches de ceux sollicités par les initiatives de la psychologie scientifique ont réussi à transformer un individu, extra-social au point de paraître à la fois sourd-muet et idiot, en un homme qui entend et comprend le langage... Après que le temps eut ancré ma confiance en ces méthodes je quittai une activité consacrée aux handicapés pour me remettre à l'étude des œuvres de Séguin et de celles d'Itard. J'éprouvai le besoin de les méditer : je recopiai, en italien, leurs écrits, tout comme l'aurait fait, jadis, un Bénédictin. » Plus tard encore un autre apôtre de l'éducation des enfants déficients, Alice Descœudres, adaptatrice des principes de Decroly, à son tour, verra dans le double rapport d'Itard « un chef-d'œuvre », et, très influencée par lui, importera dans sa pédagogie personnelle la technique du loto, les exercices-yeux-bandés, et concevra, à l'imitation du vieux maître, une « orthopédie mentale » destinée à l'éducation des sens. En dépit du côté désuet de quelques-uns de ces processus et de la conception atomistique contestable qui préside à tout cela, un mouvement pédagogique considérable, immense, aura son origine en Itard, l'un des* *meilleurs esprits de la première moitié du xixe siècle.*

Au moment où le monde moderne, dévoreur d'ouvriers spécialisés, découvrira les incidences sociales de l'arriération, où après les faiblesses d'origine physiologique, les faiblesses d'origine psychique retiendront l'attention de la science et des pouvoirs, Itard trouvera sa place historique. Le développement de l'« enseignement spécial », l'intérêt que les U.S.A. et l'U.R.S.S. porteront au problème des débiles mentaux — charge écrasante pour les civilisations techniciennes — donneront aux travaux d'Itard un éclat nouveau. On deviendra sensible aux phénomènes de curabilité. Charles, Clark, Guertin, Mc Kay, Sarason, Spaulding montreront que des enfants initialement considérés comme débiles intrinsèques ont rejoint, par l'éducation, ce qu'on appelle la normalité. Le Soviétique Louria écrira : « les formes héréditaires du retard mental sont excessivement peu fréquentes ». Itard apparaîtra comme un précurseur gigantesque. Quand l'U.N.E.S.C.O. publiera en 1961 son « Rapport statistique sur l'enseignement spécial » ses auteurs remarqueront que « lorsque des noms sont cités pour caractériser l'inspiration générale des méthodes et des techniques utilisées, ce sont, sauf exceptions, ceux des grands classiques de cet enseignement dont certains furent aussi parmi les pionniers de l'école active » et qu' « il ne semble donc pas qu'un renouvellement sensible soit survenu, dans ce domaine, depuis leur époque ». Ces pionniers, Montessori ou Descœudres, certes, modifieront la pédagogie d'Itard, mais ils en conserveront des contenus et surtout le principe fondamental, cette croyance que, « si l'enfant connaît assez bien le nom ou le signe naturel des choses destinées à son usage, s'il connaît assez bien la valeur du oui ou du non pour en faire une juste application, s'il a l'idée du mieux-faire, tout espoir n'est pas perdu » — croyance que Bousquet dans son *Discours à l'Académie de Médecine*, admirera en l'éducateur opiniâtre du sauvage de l'Aveyron.

Tel sera le destin exceptionnel d'un homme qui, au dire de ses contemporains, ressemble physiquement à Henri IV et que la maladie a prématurément courbé. Chaque année depuis 1832, cédant au conseil de ses amis, il sollicite un congé de plusieurs mois et se rend en l'agréable retraite de Beau-Séjour, à Passy. Lui qui fut extrêmement gai en sa jeunesse, devient taciturne mais demeure sensible et généreux. Il ne se fait aucune illusion sur sa fin prochaine. Il pense à sa disparition et au lendemain de sa disparition. Par testament, en octobre 1837, ayant vécu célibataire, il lègue à ses amis divers objets, à un neveu sa bibliothèque, à l'Académie de Médecine une rente annuelle de mille francs pour un « prix triennal en faveur du meilleur mémoire de médecine pratique et de thérapeutique appliquée », à l'Institution des Sourds-Muets surtout, une rente huit fois plus forte, afin qu'une classe d'« instruction complémentaire » strictement orale, soit créée et que soient, au-delà de sa vie, mieux aidés ceux à qui il avait consacré toutes les forces de sa chair et de sa pensée. Il s'éteint le 5 juillet 1838 — à soixante-quatre ans — persuadé, depuis toujours, « que rien ne saurait soustraire l'homme aux tristes conditions de son existence qui sont de souffrir et de mourir ». Avec lui s'efface de la terre l'un des grands hommes de la médecine de la pédagogie et de la psychologie.

L. M.

N. B. Nous tenons à remercier ici M. Fourgon, Directeur de l'Institution Nationale des Sourds-Muets, rue Saint-Jacques, qui nous a donné accès aux archives de la maison et aux manuscrits d'Itard dont beaucoup sont inédits.

MÉMOIRE SUR LES PREMIERS DÉVELOPPEMENTS DE VICTOR DE L'AVEYRON
(1801)

AVANT-PROPOS

Jeté sur ce globe sans forces physiques et sans idées innées, hors d'état d'obéir par lui-même aux lois constitutionnelles de son organisation, qui l'appellent au premier rang du système des êtres, l'homme ne peut trouver qu'au sein de la société la place éminente qui lui fut marquée dans la nature, et serait, sans la civilisation, un des plus faibles et des moins intelligents des animaux : vérité, sans doute, bien rebattue, mais qu'on n'a point encore rigoureusement démontrée... Les philosophes qui l'ont émise les premiers, ceux qui l'ont ensuite soutenue et propagée, en ont donné pour preuve l'état physique et moral de quelques peuplades errantes, qu'ils ont regardées comme non civilisées parce qu'elles ne l'étaient point à notre manière, et chez lesquelles ils ont été puiser les traits de l'homme dans le pur état de nature. Non, quoi qu'on en dise, ce n'est point là encore qu'il faut le chercher et l'étudier. Dans la horde sauvage la plus vagabonde comme dans la nation d'Europe la plus civilisée, l'homme n'est que

127

ce qu'on le fait être ; nécessairement élevé par ses semblables, il en a contracté les habitudes et les besoins ; ses idées ne sont plus à lui ; il a joui de la plus belle prérogative de son espèce, la susceptibilité de développer son entendement par la force de l'imitation et l'influence de la société.

On devait donc chercher ailleurs le type de l'homme véritablement sauvage, de celui qui ne doit rien à ses pareils et le déduire des histoires particulières du petit nombre d'individus qui, dans le cours du XVIIᵉ siècle, ont été trouvés, à différents intervalles, vivant isolément dans les bois où ils avaient été abandonnés dès l'âge le plus tendre (1).

Mais telle était, dans ces temps reculés, la marche défectueuse de l'étude de la science livrée à la manie des explications, à l'incertitude des hypothèses, et au travail exclusif du cabinet, que l'observation n'était comptée pour rien, et que ces faits précieux furent perdus pour l'histoire naturelle de l'homme. Tout ce qu'en ont laissé les auteurs contemporains se réduit à quelques détails insignifiants, dont le résultat le plus frappant et le plus général, est que ces individus ne furent susceptibles d'aucun perfectionnement bien marqué ; sans doute, parce qu'on voulut appliquer à leur éducation, et sans égard pour la différence de leurs origines, le système ordinaire de l'enseignement social. Si cette application eut un succès complet chez la fille sauvage trouvée en France vers le commencement du siècle dernier, c'est qu'ayant vécu dans les bois avec une compagne, elle devait déjà à cette simple association un certain développement de ses facultés intellec-

(1) Linné en fait monter le nombre jusqu'à 10 et les représente comme formant une variété de l'espèce humaine. *(Système de la nature)*.

tuelles, une véritable éducation, telle que l'admet Condillac (1), quand il suppose deux enfants abandonnées dans une solitude profonde, et chez lesquelles la seule influence de leur cohabitation dut donner essor à la mémoire, à leur imagination, et leur faire créer même un petit nombre de signes : supposition ingénieuse, que justifie pleinement l'histoire de cette même fille, chez laquelle la mémoire se trouvait développée au point de lui retracer quelques circonstances de son séjour dans les bois, et très en détail, surtout la mort violente de sa compagne (2).

Dépourvus de ces avantages, les autres enfants trouvés dans un état d'isolement individuel, n'apportèrent dans la société que des facultés profondément engourdies, contre lesquelles durent échouer, en supposant qu'ils furent tentés et dirigés vers leur éducation, tous les efforts réunis d'une métaphysique à peine naissante, encore entravée du préjugé des idées innées, et d'une médecine, dont les vues nécessairement bornées par une doctrine toute mécanique, ne pouvaient s'élever aux considérations philosophiques des maladies de l'entendement. Éclairées du flambeau de l'analyse, et se prêtant l'une à l'autre un mutuel appui, ces

(1) *Essai sur l'origine des connaissances humaines.* IIe partie, section première.

(2) Cette fille fut prise en 1731 dans les environs de Châlons-sur-Marne, et élevée dans un couvent de religieuses, sous le nom de Mademoiselle Leblanc. Elle raconta, quand elle sut parler, qu'elle avait vécu dans les bois avec une compagne, et qu'elle l'avait malheureusement tuée d'un violent coup sur la tête un jour qu'ayant trouvé sous leurs pas un chapelet, elles s'en disputèrent la possession exclusive. (Racine, *Poème de la Religion*).

Cette histoire, quoiqu'elle soit une des plus circonstanciées, est néanmoins si mal faite, que si l'on en retranche d'abord ce qu'il y a d'insignifiant et puis ce qu'il y a d'incroyable, elle n'offre qu'un très petit nombre de particularités dignes d'être notées, et dont la plus remarquable est la faculté qu'avait cette jeune sauvage de se rappeler son état passé.

deux sciences ont de nos jours dépouillé leurs vieilles erreurs, et fait des progrès immenses. Aussi avait-on lieu d'espérer que si jamais il se présentait un individu pareil à ceux dont nous venons de parler, elles *déploie-raient pour son développement physique et moral toutes les ressources de leurs connaissances actuelles;* ou que du moins si cette application devenait impossible ou infructueuse, il se trouverait dans ce siècle d'observation quelqu'un qui, *recueillant avec soin l'histoire d'un être aussi étonnant, déterminerait ce qu'il est, et déduirait de ce qu'il lui manque, la somme jusqu'à présent incalculée des connaissances et des idées que l'homme doit à son éducation.*

Oserai-je avouer que je me suis proposé l'une et l'autre de ces deux grandes entreprises? Et qu'on ne me demande point si j'ai rempli mon but. Ce serait là une question bien prématurée à laquelle je ne pourrais répondre qu'à une époque encore très éloignée. Néan-moins je l'eusse attendue en silence, sans vouloir occuper le public de mes travaux, si ce n'avait été pour moi un besoin, autant qu'une obligation, de prouver, par mes premiers succès, que l'enfant sur lequel je les ai obtenus n'est point, comme on le croit généralement, un imbécile désespéré mais un être intéressant, qui mérite, sous tous les rapports, l'attention des observa-teurs, et les soins particuliers qu'en fait prendre une administration éclairée et philanthropique.

LES PROGRÈS D'UN JEUNE SAUVAGE

Un enfant de onze ou douze ans, que l'on avait
entrevu quelques années auparavant dans les bois de la
Caune, entièrement nu, cherchant des glands et des
racines dont il faisait sa nourriture, fut dans les mêmes
lieux, et vers la fin de l'an VII, rencontré par trois
chasseurs qui s'en saisirent au moment où il grimpait
sur un arbre pour se soustraire à leurs poursuites.
Conduit dans un hameau du voisinage, et confié à la
garde d'une veuve, il s'évada au bout d'une semaine et
gagna les montagnes où il erra pendant les froids les
plus rigoureux de l'hiver, revêtu plutôt que couvert
d'une chemise en lambeaux, se retirant pendant la nuit
dans les lieux solitaires, se rapprochant, le jour, des
villages voisins, menant ainsi une vie vagabonde, jusqu'au jour où il entra de son propre mouvement dans
une maison habitée du canton de Saint-Sernin.

Il y fut repris, surveillé et soigné pendant deux ou
trois jours ; transféré de là à l'hospice de Saint-
Affrique, puis à Rodez, où il fut gardé plusieurs mois.
Pendant le séjour qu'il a fait dans ces différents
endroits, on l'a vu toujours également farouche, impatient et mobile, chercher continuellement à s'échapper,

et fournir matière aux observations les plus intéressantes, recueillies par des témoins dignes de foi, et que je n'oublierai pas de rapporter dans les articles de cet essai, où elles pourront ressortir avec plus d'avantage (1). Un ministre, protecteur des sciences, crut que celle de l'homme moral pourrait tirer quelques lumières de cet événement. Des ordres furent donnés pour que cet enfant fût amené à Paris. Il y arriva vers la fin de l'an VIII, sous la conduite d'un pauvre et respectable vieillard qui, obligé de s'en séparer peu de temps après, promit de revenir le prendre, et de lui servir de père, si jamais la Société venait à l'abandonner.

Les espérances les plus brillantes et les moins raisonnées avaient devancé à Paris, le *Sauvage de l'Aveyron* (2). Beaucoup de curieux se faisaient une joie de voir quel serait son étonnement à la vue de toutes les belles choses de la capitale. D'un autre côté, beaucoup de personnes, recommandables d'ailleurs par leurs lumières, oubliant que nos organes sont d'autant moins flexibles et l'imitation d'autant plus difficile, que l'homme est éloigné de la société et de l'époque de son premier âge, crurent que l'éducation de cet individu ne serait l'affaire que de quelques mois, et qu'on l'entendrait bientôt donner sur sa vie passée, les renseigne-

(1) Si par l'expression de *Sauvage* on a entendu jusqu'à présent l'homme peu civilisé, on conviendra que celui qui ne l'est en aucune manière mérite plus rigoureusement encore cette dénomination. Je conserverai donc à celui-ci le nom par lequel on l'a toujours désigné, jusqu'à ce que j'aie rendu compte des motifs qui m'ont déterminé à lui en donner un autre.

(2) Tout ce que je viens de dire, et que je dirai par la suite, sur l'histoire de cet enfant avant son séjour à Paris, se trouve garanti par les rapports officiels des citoyens Guiraud et Constant de Saint-Estève, commissaires du gouvernement, le premier près le canton de Saint-Affrique, le second près de celui de Saint-Sernin, et par les observations du citoyen Bonnaterre, professeur d'histoire naturelle à l'école centrale du département de l'Aveyron, consignées très en détail dans sa *Notice historique sur le Sauvage de l'Aveyron*, Paris, an 8.

ments les plus piquants. Au lieu de tout cela, que vit-on ? un enfant d'une malpropreté dégoûtante, affecté de mouvements spasmodiques et souvent convulsifs, se balançant sans relâche comme certains animaux de la ménagerie, mordant et égratignant ceux qui le servaient ; enfin, indifférent à tout et ne donnant de l'attention à rien.

On conçoit facilement qu'un être de cette nature ne dût exciter qu'une curiosité momentanée. On accourut en foule, on le vit sans l'observer, on le jugea sans le connaître, et l'on n'en parla plus. Au milieu de cette indifférence générale, les administrateurs de l'institution nationale des Sourds-et-Muets et son célèbre directeur n'oublièrent point que la société, en attirant à elle ce jeune infortuné, avait contracté envers lui des obligations indispensables, qu'il leur appartenait de remplir. Partageant alors les espérances que je fondais sur un traitement médical, ils décidèrent que cet enfant serait confié à mes soins.

Mais avant de présenter les détails et les résultats de cette mesure, il faut exposer le point d'où nous sommes partis, rappeler et décrire cette première époque, pour mieux apprécier celle à laquelle nous sommes parvenus, et opposant ainsi le passé au présent, déterminer ce qu'on doit attendre de l'avenir. Obligé donc de revenir sur des faits déjà connus, je les exposerai rapidement ; et pour qu'on ne me soupçonne pas de les avoir exagérés dans le dessein de faire ressortir ceux que je veux leur opposer, je me permettrai de rapporter ici d'une manière très analytique la description qu'en fit à une société savante, et dans une séance où j'eus l'honneur d'être admis, un médecin aussi avantageusement connu par son génie observateur que par ses

133

profondes connaissances dans les maladies de l'intellectuel.

Procédant d'abord par l'exposition des fonctions
sensoriales du jeune sauvage, le citoyen Pinel nous
présenta ses sens réduits à un tel état d'inertie que cet
infortuné se trouvait, sous ce rapport, bien inférieur à
quelques-uns de nos animaux domestiques ; ses yeux
sans fixité, sans expression, errant vaguement d'un
objet à l'autre sans jamais s'arrêter à aucun, si peu
instruits d'ailleurs, et si peu exercés par le toucher,
qu'ils ne distinguaient point un objet en relief d'avec un
corps en peinture : l'organe de l'ouïe insensible aux
bruits les plus forts comme à la musique la plus
touchante : celui de la voix réduite à un état complet de
mutité et ne laissant échapper qu'un son guttural et
uniforme : l'odorat si peu cultivé qu'il recevait avec la
même indifférence l'odeur des parfums et l'exhalaison
fétide des ordures dont sa couche était pleine ; enfin
l'organe du toucher restreint aux fonctions mécaniques
de la préhension des corps. Passant ensuite à l'état des
fonctions intellectuelles de cet enfant, l'auteur du
rapport nous le présenta incapable d'attention, si ce
n'est pour les objets de ses besoins, et conséquemment
de toutes les opérations de l'esprit qu'entraîne cette
première, dépourvu de mémoire, de jugement, d'aptitude à l'imitation, et tellement borné dans les idées
même relatives à ses besoins, qu'il n'était point encore
parvenu à ouvrir une porte ni à monter sur une chaise
pour atteindre les aliments qu'on élevait hors de la
portée de sa main ; enfin dépourvu de tout moyen de
communication, n'attachant ni expression ni intention
aux gestes et aux mouvements de son corps, passant
avec rapidité et sans aucun motif présumable d'une
tristesse apathique aux éclats de rire les plus immodé-

rés ; insensible à toute espèce d'affections morales ; son discernement n'était qu'un calcul de gloutonnerie, son plaisir une sensation agréable des organes du goût, son intelligence la susceptibilité de produire quelques idées incohérentes, relatives à ses besoins ; toute son existence, en un mot, une vie purement animale.

Rapportant ensuite plusieurs histoires, recueillies à Bicêtre, d'enfants irrévocablement atteints d'idiotisme, le citoyen Pinel établit entre l'état de ces malheureux et celui que présentait l'enfant qui nous occupe, les rapprochements les plus rigoureux, qui donnaient nécessairement pour résultat une identité complète et parfaite entre ces jeunes idiots et le *Sauvage de l'Aveyron*. Cette identité menait nécessairement à conclure qu'atteint d'une maladie jusqu'à présent regardée comme incurable, il n'était susceptible d'aucune espèce de sociabilité et d'instruction. Ce fut aussi la conclusion qu'en tira le citoyen Pinel et qu'il accompagna néanmoins de ce doute philosophique répandu dans tous ses écrits, et que met dans ses présages celui qui sait apprécier la science du pronostic et n'y voir qu'un calcul plus ou moins incertain de probabilités et de conjectures.

Je ne partageai point cette opinion défavorable ; et malgré la vérité du tableau et la justesse des rapprochements, j'osai concevoir quelques espérances. Je les fondai moi-même sur la double considération de la *cause* et de la *curabilité* de cet idiotisme apparent. Je ne puis passer outre sans m'appesantir un instant sur ces deux considérations. Elles portent encore sur le moment présent ; elles reposent sur une série de faits que je dois raconter, et auxquels je me verrai forcé de mêler plus d'une fois mes propres réflexions.

Si l'on donnait à résoudre ce problème de métaphysique : *déterminer quels seraient le degré d'intelligence et la nature des idées d'un adolescent qui, privé dès son enfance de toute éducation, aurait vécu entièrement séparé des individus de son espèce,* je me trompe grossièrement, ou la solution du problème se réduirait à ne donner à cet individu qu'une intelligence relative au petit nombre de ses besoins et dépouillée, par abstraction, de toutes les idées simples et complexes que nous recevons par l'éducation, et qui se combinent dans notre esprit de tant de manières, par le seul moyen de la connaissance des signes. Eh bien ! le tableau moral de cet adolescent serait celui du *Sauvage de l'Aveyron* et la solution du problème donnerait la mesure et la cause de l'état intellectuel de celui-ci.

Mais pour admettre encore avec plus de raison l'existence de cette cause, il faut prouver qu'elle a agi depuis nombre d'années, et répondre à l'objection que l'on pourrait me faire et que l'on m'a déjà faite, que le prétendu sauvage n'était qu'un pauvre imbécile que des parents, dégoûtés de lui, avaient tout récemment abandonné à l'entrée de quelque bois. Ceux qui se sont livrés à une pareille supposition n'ont point observé cet enfant peu de temps après son arrivée à Paris. Ils auraient vu que toutes ses habitudes portaient l'empreinte d'une vie errante et solitaire ; aversion insurmontable pour la société et pour ses usages, nos habillements, nos meubles, le séjour de nos appartements, la préparation de nos mets, indifférence profonde pour les objets de nos plaisirs et de nos besoins factices ; goût passionné pour la liberté des champs si vif encore dans son état actuel, malgré ses besoins nouveaux et ses affections naissantes, que pendant un court séjour qu'il a fait à Montmorency, il se serait infailliblement évadé dans la forêt sans les précautions les plus sévères, et que deux fois il s'est échappé de la maison des Sourds-Muets, malgré la surveillance de sa gouvernante ; locomotion extraordinaire, pesante à la vérité, depuis qu'il porte des chaussures, mais toujours remarquable par la difficulté de se régler sur notre démarche posée et mesurée, et par la tendance continuelle à prendre le trot ou le galop ; habitude opiniâtre de flairer tout ce qu'on lui présente, même les corps que nous regardons comme inodores, mastication non moins étonnante encore, uniquement exécutée par l'action précipitée des dents incisives, indiquant assez, par son analogie avec celle de quelques rongeurs, qu'à l'instar de ces animaux notre sauvage ne vivait le plus communément que de productions végétales : je dis le plus communément car il paraît, par le trait suivant, que dans certaines circonstances il aurait fait sa proie de quelques petits animaux privés de vie. On lui présenta un serin mort, et en un instant l'oiseau fut dépouillé de ses plumes grosses et petites, ouvert avec l'ongle, flairé et rejeté.

D'autres indices d'une vie entièrement isolée, précaire et vagabonde, se déduisent de la nature et du nombre de cicatrices dont le corps de cet enfant est couvert. Sans parler de celle que l'on voit au-devant du col et dont je ferai mention ailleurs, comme appartenant à une autre cause, et méritant une attention particulière, on en compte quatre sur la figure, six sur le long du bras gauche, trois à quelque distance de l'épaule droite, quatre à la circonférence du pubis, une sur la fesse gauche, trois à une jambe et deux à l'autre ; ce qui fait en somme vingt-trois cicatrices dont les unes paraissent appartenir à des morsures d'animaux et les autres à des déchirures et à des écorchures plus ou moins larges, plus ou moins profondes ; témoignages

137

nombreux et ineffaçables du long et total abandon de cet infortuné, et qui, considérés sous un point de vue plus général et plus philosophique, déposent autant contre la faiblesse et l'insuffisance de l'homme livré seul à ses propres moyens, qu'en faveur des ressources de la nature qui, selon des lois en apparence contradictoires, travaille ouvertement à réparer et à conserver ce qu'elle tend sourdement à détériorer et à détruire.

Qu'on joigne à tous ces faits déduits de l'observation ceux non moins authentiques qu'ont déposés les habitants des campagnes voisines du bois où cet enfant a été trouvé, et l'on saura que dans les premiers jours qui suivirent son entrée dans la société, il ne se nourrissait que de glands, de pommes de terre et de châtaignes crues, qu'il ne rendait aucune espèce de son ; que malgré la surveillance la plus active, il parvint plusieurs fois à s'échapper ; qu'il manifesta une grande répugnance à coucher dans un lit, etc. L'on saura surtout qu'il avait été vu plus de cinq ans auparavant entièrement nu et fuyant à l'approche des hommes (1), ce qui suppose qu'il était déjà, lors de sa première apparition, habitué à ce genre de vie ; habitude qui ne pouvait être le résultat que de deux ans au moins de séjour dans des lieux inhabités. Ainsi cet enfant a passé dans une solitude absolue sept ans à peu près sur douze, qui composaient l'âge qu'il pouvait avoir quand il fut pris dans les bois de la Caune. Il est donc probable et presque prouvé qu'il y a été abandonné à l'âge de quatre ou cinq ans, et que si, à cette époque, il devait déjà quelques idées et quelques mots à un commence-

_____

(1) Lettre du citoyen N... insérée dans le *Journal des Débats*, 5 pluviôse, an 8.

ment d'éducation, tout cela se sera effacé de sa mémoire par suite de son isolement.

Voilà quelle me parut être la cause de son état actuel. On voit pourquoi j'en augurai favorablement pour le succès de mes soins. En effet, sous le rapport du peu de temps qu'il était parmi les hommes, le *Sauvage de l'Aveyron* était bien moins un adolescent imbécile qu'un enfant de dix ou douze mois, et un enfant qui aurait contre lui ces habitudes antisociales, une opiniâtre inattention, des organes peu flexibles, et une sensibilité accidentellement émoussée. Sous ce dernier point de vue, sa situation devenait un cas purement médical, et dont le traitement appartenait à la médecine morale, à cet art sublime créé en Angleterre par les Willis et les Crichton, et répandu nouvellement en France par les succès et les écrits du professeur Pinel.

Guidé par l'esprit de leur doctrine, bien moins que par leurs préceptes qui ne pouvaient s'adapter à ce cas imprévu, je réduisis à cinq vues principales le traitement moral ou l'éducation du *Sauvage de l'Aveyron*.

PREMIÈRE VUE : L'attacher à la vie sociale, en la lui rendant plus douce que celle qu'il menait alors, et surtout plus analogue à la vie qu'il venait de quitter.

DEUXIÈME VUE : Réveiller la sensibilité nerveuse par les stimulants les plus énergiques et quelquefois par les vives affections de l'âme.

TROISIÈME VUE : Étendre la sphère de ses idées en lui donnant des besoins nouveaux, et en multipliant ses rapports avec les êtres environnants.

139

QUATRIÈME VUE : Le conduire à l'usage de la parole en déterminant l'exercice de l'imitation par la loi impérieuse de la nécessité.

CINQUIÈME VUE : Exercer pendant quelque temps sur les objets de ses besoins physiques les plus simples opérations de l'esprit en déterminant ensuite l'application sur des objets d'instruction.

I

PREMIÈRE VUE. — *L'attacher à la vie sociale en la lui rendant plus douce que celle qu'il menait alors, et surtout plus analogue à la vie qu'il venait de quitter.*

Un changement brusque dans sa manière de vivre, les fréquentes importunités des curieux, quelques mauvais traitements, effets inévitables de sa cohabitation avec des enfants de son âge, semblaient avoir éteint tout espoir de civilisation. Sa pétulante activité avait dégénéré insensiblement en une apathie sourde qui avait produit des habitudes encore plus solitaires. Aussi, à l'exception des moments où la faim l'amenait à la cuisine, on le trouvait toujours accroupi dans l'un des coins du jardin, ou caché au deuxième étage derrière quelques débris de maçonnerie. C'est dans ce déplorable état que l'ont vu certains curieux de Paris, et que, d'après un examen de quelques minutes, ils l'ont jugé digne d'être envoyé aux Petites-Maisons ; comme si la société avait le droit d'arracher un enfant à une vie libre et innocente, pour l'envoyer mourir d'ennui dans un hospice, et y expier le malheur d'avoir trompé la curiosité publique. Je crus qu'il existait un parti plus simple et surtout plus humain ; c'était d'user envers lui de bons traitements et de beaucoup de condescendance pour ses goûts et ses inclinations. Mme Guérin, à qui l'administration a confié la garde spéciale de cet enfant, s'est acquittée et s'acquitte encore de cette tâche pénible avec toute la patience d'une mère et l'intelligence d'une institutrice éclairée. Loin de contrarier ses habitudes, elle a su, en quelque sorte, composer avec elles et remplir par là l'objet de cette première indication.

Pour peu que l'on voulût juger de la vie passée de cet enfant par ses dispositions actuelles, on voyait évidemment qu'à l'instar de certains sauvages des pays chauds, celui-ci ne connaissait que ces quatre choses : dormir, manger, ne rien faire et courir les champs. Il fallut donc le rendre heureux à sa manière, en le couchant à la chute du jour, en lui fournissant abondamment des aliments de son goût, en respectant son indolence et en l'accompagnant dans ses promenades, ou plutôt dans ses courses en plein air, et cela quelque temps qu'il pût faire. Ces incursions champêtres paraissaient même lui être plus agréables quand il survenait dans l'atmosphère un changement brusque et violent : tant il est vrai que dans quelque condition qu'il soit, l'homme est avide de sensations nouvelles. Ainsi, par exemple, quand on observait celui-ci dans l'intérieur de sa chambre, on le voyait se balançant avec une monotonie fatigante, diriger constamment ses yeux vers la croisée, et les promener tristement dans le vague de l'air extérieur. Si alors un vent orageux venait à souffler, si le soleil caché derrière les nuages se montrait tout à coup éclairant plus vivement l'atmosphère, c'étaient de bruyants éclats de rire, une joie presque convulsive pendant laquelle toutes ses inflexions, dirigées d'arrière en avant, ressemblaient beaucoup à une sorte d'élan qu'il aurait voulu prendre pour franchir la croisée et se précipiter dans le jardin. Quelquefois, au lieu de ces mouvements joyeux, c'était une espèce de rage frénétique ; il se tordait les bras, s'appliquait les poings fermés sur les yeux, faisait entendre des grincements de dents et devenait dangereux pour ceux qui étaient auprès de lui.

Un matin qu'il tombait abondamment de la neige et qu'il était encore couché, il pousse un cri de joie en s'éveillant, quitte le lit, court à la fenêtre, puis à la porte, va, vient avec impatience de l'une à l'autre, s'échappe à moitié habillé, et gagne le jardin. Là, faisant éclater sa joie par les cris les plus perçants, il court, se roule dans la neige et la ramassant par poignées, s'en repaît avec une incroyable avidité.

Mais ce n'était pas toujours d'une manière aussi vive et aussi bruyante que se manifestaient ses sensations, à la vue de ces grands effets de la nature. Il est digne de remarquer que dans certains cas elles paraissaient emprunter l'expression calme du regret et de la mélancolie : conjecture bien hasardée, et bien opposée sans doute aux opinions des métaphysiciens, mais dont on ne pouvait se défendre quand on observait avec soin et dans quelques circonstances ce jeune infortuné. Ainsi, lorsque la rigueur du temps chassait tout le monde du jardin, c'était le moment qu'il choisissait pour y descendre. Il en faisait plusieurs fois le tour et finissait par s'asseoir sur le bord du bassin.

Je me suis souvent arrêté, pendant des heures entières, et avec un plaisir indicible, à l'examiner dans cette situation ; à voir comme tous ces mouvements spasmodiques et ce balancement continuel de tout son corps diminuaient, s'apaisaient par degrés, pour faire place à une attitude plus tranquille ; et comme insensiblement sa figure insignifiante ou grimacière prenait un caractère bien prononcé de tristesse ou de rêverie mélancolique, à mesure que ses yeux s'attachaient fixement sur la surface de l'eau, et qu'il y jetait lui-même de temps en temps quelques débris de feuilles desséchées. — Lorsque, pendant la nuit et par un beau clair de lune, les rayons de cet astre venaient à pénétrer dans sa chambre, il manquait rarement de s'éveiller et de se placer devant la fenêtre. Il restait là, selon le rapport de sa gouvernante, pendant une partie de la nuit, debout, immobile, le col tendu, les yeux fixés vers les campagnes éclairées par la lune, et livré à une sorte d'extase contemplative, dont le silence et l'immobilité n'étaient interrompus que par une inspiration très élevée, qui revenait à de longs intervalles et qu'accompagnait presque toujours un petit son plaintif. — Il eût été aussi inutile qu'inhumain de vouloir contrarier ces dernières habitudes, et il entrait même dans mes vues de les associer à sa nouvelle existence, pour la lui rendre plus agréable. Il n'en était pas ainsi de celles qui avaient le désavantage d'exercer continuellement son estomac et ses muscles, et de laisser par là sans action la sensibilité des nerfs et les facultés du cerveau. Aussi dus-je m'attacher, et parvins-je, à la fin, et par degrés, à rendre ses courses plus rares, ses repas moins copieux et moins fréquents, son séjour au lit beaucoup moins long et ses journées plus profitables à son instruction.

II

DEUXIÈME VUE. — *Réveiller la sensibilité nerveuse par les stimulants les plus énergiques, et quelquefois par les vives affections de l'âme.*

Quelques physiologistes modernes ont soupçonné que la sensibilité était en raison directe de la civilisation. Je ne crois pas que l'on en puisse donner une plus forte preuve que celle du peu de sensibilité des organes sensoriaux chez le *Sauvage de l'Aveyron*. On peut s'en convaincre en reportant les yeux sur la description que j'en ai déjà présentée, et dont j'ai puisé les faits à la source la moins suspecte. J'ajouterai ici, relativement au même sujet, quelques-unes de mes observations les plus marquantes.

Plusieurs fois, dans le cours de l'hiver, je l'ai vu, en traversant le jardin des Sourds-Muets, accroupi à demi nu sur un sol humide, rester ainsi exposé, pendant des heures entières, à un vent frais et pluvieux. Ce n'est pas seulement pour le froid, mais encore pour une vive chaleur que l'organe de la peau et du toucher ne témoignait aucune sensibilité; il lui arrivait journellement quand il était auprès du feu et que les charbons ardents venaient à rouler hors de l'âtre, de les saisir avec les doigts et de les replacer sans trop de précipitation sur des tisons enflammés. On l'a surpris plus d'une fois à la cuisine, enlevant de la même manière des pommes de terre qui cuisaient dans l'eau bouillante ; et je puis assurer qu'il avait même en ce temps-là, un épiderme fin et velouté (1).

Je suis parvenu souvent à lui remplir de tabac les cavités extérieures du nez sans provoquer l'éternuement. Cela suppose qu'il n'existait entre l'organe et l'odorat, très exercé d'ailleurs, et ceux de la respiration et de la vue, aucun de ces rapports sympathiques qui font partie constituante de la sensibilité de nos sens, et qui dans ces cas-ci auraient déterminé l'éternuement ou la sécrétion des larmes. Ce dernier effet était encore moins subordonné aux affections tristes de l'âme ; et malgré les contrariétés sans nombre, malgré les mauvais traitements auxquels l'avait exposé, dans les premiers mois, son nouveau genre de vie, jamais je ne l'avais surpris à verser des pleurs. — L'oreille était de tous les sens celui qui paraissait le plus insensible. On a su cependant que le bruit d'une noix ou de tout autre corps comestible de son goût ne manquait jamais de le faire retourner. Cette observation est des plus vraies, et cependant ce même organe se montrait insensible aux bruits les plus forts et aux explosions des armes à feu. Je tirai près de lui un jour, deux coups de pistolet ; le premier parut un peu l'émouvoir, le second ne lui fit pas seulement tourner la tête.

Ainsi, en faisant abstraction de quelques cas tels que

(1) Je lui présentai, dit un observateur qui l'a vu à Saint-Sernin, une grande quantité de pommes de terre ; il se réjouit en les voyant, en prit dans ses mains et les jeta au feu. Il les en retira un instant après et les mangea toutes brûlantes.

146

celui-ci, où le défaut d'attention de la part de l'âme pouvait simuler un manque de sensibilité dans l'organe, on trouvait néanmoins que cette propriété nerveuse était singulièrement faible dans la plupart des sens. En conséquence, il entrait dans mon plan de la développer par tous les moyens possibles, et de préparer l'esprit à l'attention en disposant les sens à recevoir des impressions plus vives. Des divers moyens que je mis en usage, l'effet de la chaleur me parut remplir le mieux cette indication. C'est une chose admise par les physiologistes (1) et les politiques (2) que les habitants du Midi ne doivent qu'à l'action de la chaleur sur la peau cette sensibilité exquise, si supérieure à celle des hommes du Nord. J'employai ce stimulus de toutes les manières. Ce n'était pas assez qu'il fût vêtu, couché et logé bien chaudement ; je lui fis donner tous les jours, et à une très haute température, un bain de deux ou trois heures, pendant lequel on lui administrait avec la même eau des douches fréquentes sur la tête. Je ne remarquai point que la chaleur et la fréquence des bains fussent suivies de cet effet débilitant qu'on leur attribue.

J'aurais même désiré que cela arrivât, bien persuadé qu'en pareil cas, la perte des forces musculaires tourne au profit de la sensibilité nerveuse. Au moins si cet effet subséquent n'eut point lieu, le premier ne trompa pas mon attente. Au bout de quelque temps notre jeune sauvage se montrait sensible à l'action du froid, se servait de la main pour reconnaître la température du bain, et refusait d'y entrer quand il n'était que médio-

---

(1) Lacose : *Idée de l'homme, physique et moral.* — Laroche : *Analyse des fonctions du système nerveux.* — Fouquet, article : *Sensibilité* de l'Encyclopédie par ordre alphabétique.

(2) Montesquieu : *Esprit des Lois.* Livre XIV.

crement chaud. La même cause lui fit bientôt apprécier l'utilité des vêtements qu'il n'avait supportés jusque-là qu'avec beaucoup d'impatience. Cette utilité une fois connue, il n'y avait qu'un pas à faire pour le forcer à s'habiller lui-même. On y parvint au bout de quelques jours, en le laissant chaque matin exposé au froid, à côté de ses habillements, jusqu'à ce qu'il sût lui-même s'en servir. Un expédient à peu près pareil suffit pour lui donner en même temps des habitudes de propreté : au point que la certitude de passer la nuit dans un lit froid et humide l'accoutuma à se lever pour satisfaire à ses besoins. Je fis joindre à l'administration des bains l'usage des frictions sèches le long de l'épine vertébrale et même des chatouillements dans la région lombaire. Ce dernier moyen n'était pas un des moins excitants ; je me vis même contraint de le proscrire, quand ses effets ne se bornèrent plus à produire des mouvements de joie, mais parurent s'étendre encore aux organes de la génération, et menacer d'une direction fâcheuse les premiers mouvements d'une puberté déjà trop précoce.

A ces stimulants divers, je dus joindre encore ceux, non moins excitants, des affections de l'âme. Celles dont il était susceptible à cette époque se réduisaient à deux : la joie et la colère. Je ne provoquais celle-ci qu'à des distances éloignées, pour que l'accès en fût plus violent, et toujours avec une apparence bien évidente de justice. Je remarquais quelquefois alors que dans l'effort de son emportement, son intelligence semblait acquérir une sorte d'extension qui lui fournissait, pour le tirer d'affaire, quelque expédient ingénieux. Une fois que nous voulions lui faire prendre un bain qui n'était encore que médiocrement chaud, et que nos instances réitérées avaient violemment allumé sa colère, voyant que sa gouvernante était peu convaincue par les fréquentes épreuves qu'il faisait lui-même de la fraîcheur de l'eau avec le bout de ses doigts, il se retourna vers elle avec vivacité, se saisit de sa main et la lui plongea dans la baignoire.

Que je dise encore un trait de cette nature. Un jour qu'il était dans mon cabinet, assis sur une ottomane, je vins m'asseoir à ses côtés, et placer entre nous une bouteille de Leyde légèrement chargée. Une petite commotion qu'il en avait reçue la veille, lui en avait fait connaître l'effet. A voir l'inquiétude que lui causait l'approche de cet instrument, je crus qu'il allait l'éloigner en le saisissant par le crochet. Il prit un parti plus sage : ce fut de mettre ses mains dans l'ouverture de son gilet, et de se reculer de quelques pouces, de manière que sa cuisse ne touchât plus au revêtement extérieur de la bouteille. Je me rapprochai de nouveau, et la replaçai encore entre nous. Autre mouvement de sa part ; autre disposition de la mienne. Ce petit manège continua jusqu'à ce que, rencoigné à l'extrémité de l'ottomane, se trouvant borné en arrière par la muraille, en avant par une table, et de mon côté par la fâcheuse machine, il ne lui fut plus possible d'exécuter un seul mouvement. C'est alors que saisissant le moment où j'avançais mon bras pour amener le sien, il m'abaissa très adroitement le poignet sur le crochet de la bouteille. J'en reçus la décharge.

Mais si quelquefois, malgré l'intérêt vif que m'inspirait ce jeune orphelin, je prenais sur moi d'exciter sa colère, je ne laissais passer aucune occasion de lui procurer de la joie : et certes il n'était besoin pour y réussir d'aucun moyen difficile ni coûteux. Un rayon de soleil, reçu sur un miroir réfléchi dans sa chambre et promené sur le plafond ; un verre d'eau que l'on faisait tomber goutte à goutte et d'une certaine hauteur, sur le bord de ses doigts, pendant qu'il était dans le bain ; alors aussi un peu de lait contenu dans une écuelle de bois que l'on plaçait à l'extrémité de sa baignoire, et que les oscillations de l'eau faisaient dériver peu à peu, au milieu des cris de joie, jusqu'à la portée de ses mains : voilà à peu près tout ce qu'il fallait pour récréer et réjouir souvent jusqu'à l'ivresse, cet enfant de la nature.

Tels furent, entre une foule d'autres, les stimulants tant physiques que moraux, avec lesquels je tâchai de développer la sensibilité de ses organes. J'en obtins, après trois mois, un excitement général de toutes les forces sensitives. Alors le toucher se montra sensible à l'impression des corps chauds ou des corps froids, unis ou raboteux, mous ou résistants. Je portais, en ce temps-là, un pantalon de velours sur lequel il semblait prendre plaisir à promener sa main. C'était avec cet organe explorateur qu'il s'assurait presque toujours du degré de cuisson de ses pommes de terre quand, les retirant du pot avec une *cuiller*, il y appliquait ses doigts à plusieurs reprises, et se décidait, d'après l'état de mollesse ou de résistance qu'elles présentaient, à les manger ou à les rejeter dans l'eau bouillante. Quand on lui donnait un flambeau à allumer avec du papier, il n'attendait pas toujours que le feu eût pris à la mèche, pour rejeter avec précipitation le papier dont la flamme était encore bien éloignée de ses doigts. Si on l'excitait à pousser ou à porter un corps, tant soit peu résistant ou pesant, il lui arrivait quelquefois de le laisser là, tout à coup, de regarder le bout de ses doigts qui n'étaient assurément ni meurtris ni blessés, et de poser doucement la main dans l'ouverture de son gilet. L'odorat avait aussi gagné à ce changement. La moindre irritation portée sur cet organe provoquait un éternuement ;

et je jugeai, par la frayeur dont il fut saisi la première fois que cela arriva, que c'était pour lui une chose nouvelle. Il dut, de suite, se jeter sur son lit.

Le raffinement du sens du goût était encore plus marqué. Les aliments dont cet enfant se nourrissait peu de temps après son arrivée à Paris, étaient horriblement dégoûtants. Il les traînait dans tous les coins et les pétrissait avec ses mains, pleines d'ordures.

Mais à l'époque dont je parle, il lui arrivait souvent de rejeter avec humeur tout le contenu de son assiette, dès qu'il y tombait quelque substance étrangère ; et lorsqu'il avait cassé ses noix sous ses pieds, il les nettoyait avec tous les détails d'une propreté minutieuse.

Enfin les maladies, les maladies mêmes, ces témoins irrécusables et fâcheux de la sensibilité prédominante de l'homme civilisé, vinrent attester ici le développement de ce principe de vie. Vers les premiers jours du printemps, notre jeune sauvage eut un violent coryza, et quelques semaines après, deux affections catarrhales presque succédanées.

Néanmoins ces résultats ne s'étendirent pas à tous les organes. Ceux de la vue et de l'ouïe n'y participèrent point ; sans doute parce que ces deux sens, beaucoup moins simples que les autres, avaient besoin d'une éducation particulière et plus longue, ainsi qu'on le verra par la suite.

L'amélioration simultanée des trois sens, par suite des stimulants portés sur la peau, tandis que ces deux derniers étaient restés stationnaires, est un fait précieux, digne d'être présenté à l'attention des physiologistes. Il semble prouver, ce qui paraît d'ailleurs assez vraisemblable, que les sens du toucher, de l'odorat et du goût ne sont qu'une modification de l'organe de la peau ; tandis que ceux de l'ouïe et la vue, moins extérieurs, revêtus d'un appareil physique des plus compliqués, se trouvent assujettis à d'autres règles de perfectionnement, et doivent en quelque sorte, faire une classe séparée.

III

TROISIÈME VUE. — *Étendre la sphère de ses idées en lui donnant des besoins nouveaux, et en multipliant ses rapports avec les êtres environnants.*

Si les progrès de cet enfant vers la civilisation, si mes succès pour les développements de son intelligence ont été jusqu'à présent si lents et si difficiles, je dois m'en prendre surtout aux obstacles sans nombre que j'ai rencontrés, pour remplir cette troisième vue. Je lui ai présenté successivement des jouets de toute espèce ; plus d'une fois, pendant des heures entières, je me suis efforcé de lui en faire connaître l'usage ; et j'ai vu, avec peine, que loin de captiver son attention, ces divers objets finissaient toujours par lui donner de l'impatience tellement qu'il en vint au point de les cacher, ou de les détruire, quand l occasion s'en présentait. C'est ainsi qu'après avoir longtemps renfermé dans une chaise percée un jeu de quilles, qui lui avait attiré de notre part quelques importunités, il prit, un jour qu'il était seul dans sa chambre, le parti de les entasser dans le foyer, devant lequel on le trouva se chauffant avec gaieté à la flamme de ce feu de joie.

Cependant, je parvins quelquefois à l'attacher à quelques amusements qui avaient du rapport avec les besoins digestifs. En voici un par exemple, que je lui procurais souvent à la fin du repas, quand je le menais dîner en ville. Je disposais devant lui, sans aucun ordre symétrique et dans une position renversée, plusieurs petits gobelets d'argent, sous l'un desquels je plaçais un marron. Bien sûr d'avoir attiré son attention, je les soulevais l'un après l'autre, excepté celui qui renfermait le marron. Après lui avoir ainsi démontré qu'ils ne contenaient rien, et les avoir replacés dans le même ordre, je l'invitais par signes à chercher à son tour. Le premier gobelet sur lequel tombaient ses perquisitions était précisément celui sous lequel j'avais caché la petite récompense due à son attention. Jusque-là ce n'était qu'un faible effort de mémoire. Mais, insensiblement je rendais le jeu plus compliqué. Ainsi, après avoir par le même procédé, caché un autre marron, je changeais l'ordre de tous les gobelets, d'une manière lente pourtant afin que, dans cette inversion générale, il lui fût difficile de suivre des yeux et par l'attention celui qui renfermait le précieux dépôt. Je faisais plus, je chargeais le dessous de deux ou trois de ces gobelets et son attention quoique partagée entre ces trois objets, ne les suivait pas moins dans leurs changements respectifs en dirigeant vers eux ses premières perquisitions. Ce n'est pas tout encore ; car ce n'était pas là le seul but que je me proposais. Ce jugement n'était tout au plus qu'un calcul de gourmandise. Pour rendre son attention moins animale en quelque sorte, je supprimais de cet amusement tout ce qui avait du rapport avec ses goûts, et l'on ne mettait plus sous les gobelets que des objets non comestibles. Le résultat en était à peu près aussi satisfaisant ; et cet exercice ne présentait plus aıors qu'un simple jeu de gobelets, non sans avantage pour provoquer de l'attention, du jugement et de la fixité dans ses regards.

A l'exception de ces sortes d'amusements qui, comme celui-là, se liaient à ses besoins, il ne m'a pas été possible de lui inspirer du goût pour ceux de son âge. Je suis presque certain que si je l'avais pu, j'en aurais retiré de grands succès ; et c'est une idée, pour l'intelligence de laquelle il faut qu'on se souvienne de l'influence puissante qu'ont sur les premiers développements de la pensée, les jeux de l'enfance, autant que les petites voluptés de l'organe du goût.

J'ai tout fait aussi pour réveiller ces dernières dispositions au moyen des friandises les plus convoitées par les enfants, et dont j'espérais me servir comme de nouveaux moyens de récompense, de punition, d'encouragement et d'instruction. Mais l'aversion qu'il témoigna pour toutes les substances sucrées et pour nos mets les plus délicats, fut insurmontable. Je crus devoir alors tenter l'usage de mets relevés comme propres à exciter un sens nécessairement émoussé par des aliments grossiers. Je n'y réussis pas mieux ; et je lui présentai en vain, dans les moments où il se trouvait pressé par la faim et la soif, des liqueurs fortes et des aliments épicés. Désespérant enfin de pouvoir lui inspirer de nouveaux goûts, je fis valoir le petit nombre de ceux auxquels il se trouvait borné, en les accompagnant de toutes les circonstances accessoires, qui pouvaient accroître le plaisir qu'il trouvait à s'y livrer. C'est dans cette intention que je l'ai souvent mené dîner en ville avec moi. Ces jours-là il y avait à table collection complète de tous ses mets les plus favoris. La première fois qu'il se trouva à pareille fête, ce furent des transports de joie qui allaient presque jusqu'à la frénésie. Sans doute il pensa qu'il ne souperait pas si bien qu'il venait de dîner ; car il ne tint pas à lui qu'il n'emportât le soir, en quittant la maison, un plat de lentilles qu'il avait dérobé à la cuisine. Je m'applaudis de cette première sortie. Je venais de lui procurer un plaisir ; je n'avais qu'à le répéter plusieurs fois pour lui donner un besoin ; c'est ce que j'effectuai. Je fis plus, j'eus soin de faire précéder ces sorties de certains préparatifs qu'il pût remarquer : c'était d'entrer chez lui vers les quatre heures, mon chapeau sur la tête, sa chemise ployée à la main. Bientôt ces dispositions devinrent pour lui le signal du départ. A peine paraissais-je que j'étais compris ; on s'habillait à la hâte, et l'on me suivait avec de grands témoignages de contentement. Je ne donne point ce fait comme preuve d'une intelligence supérieure ; et il n'est personne qui ne m'objecte que le chien le plus ordinaire en fait au moins autant. Mais en admettant cette égalité morale, on est obligé d'avouer un grand changement ; et ceux qui ont vu le *Sauvage de l'Aveyron* lors de son arrivée à Paris, savent qu'il était fort inférieur, sous le rapport du discernement, au plus intelligent de nos animaux domestiques.

Il m'était impossible, quand je l'emmenais avec moi, de le conduire dans les rues. Il m'aurait fallu aller au trot avec lui, ou user des violences les plus fatigantes pour le faire marcher au pas avec moi. Nous fûmes donc obligés de ne sortir qu'en voiture. Autre plaisir nouveau qu'il attachait de plus en plus à ses fréquentes sorties. En peu de temps ces jours-là ne furent plus seulement des jours de fête auxquels il se livrait avec la joie la plus vive ; ce furent de vrais besoins, dont la privation, quand on mettait entre eux un intervalle un peu plus long, le rendait triste, inquiet et capricieux.

Quel surcroît de plaisir encore, quand ces parties

avaient lieu à la campagne. Je l'ai conduit il n'y a pas longtemps, dans la vallée de Montmorency, à la maison de campagne du citoyen Lachabeaussière. C'était un spectacle des plus curieux, et j'oserai dire des plus touchants, de voir la joie qui se peignait dans ses yeux, à la vue des coteaux et des bois de cette riante vallée : il semblait que les portières de la voiture ne pussent suffire à l'avidité de ses regards. Il se penchait tantôt vers l'une, tantôt vers l'autre, et témoignait la plus vive inquiétude quand les chevaux allaient plus lentement ou venaient à s'arrêter. Il passa deux jours à cette maison de campagne ; telle y fut l'influence des agents extérieurs de ces bois, de ces collines, dont il ne pouvait rassasier sa vue, qu'il parut plus que jamais impatient et sauvage et qu'au milieu des prévenances les plus assidues et des soins les plus attachants, il ne paraissait occupé que du désir de prendre la fuite. Entièrement captivé par cette idée dominante, qui absorbait toutes les facultés de son esprit et le sentiment même de ses besoins, il trouvait à peine le temps de manger, et se levant de table à chaque minute, il courait à la fenêtre, pour s'évader dans le parc si elle était ouverte ; ou, dans le cas contraire, pour contempler, du moins à travers les carreaux, tous ces objets vers lesquels l'entraînaient irrésistiblement des habitudes encore récentes, et peut-être même le souvenir d'une vie indépendante, heureuse et regrettée. Aussi pris-je la résolution de ne plus le soumettre à de pareilles épreuves. Mais pour ne pas le sevrer entièrement de ses goûts champêtres, on continua de le mener promener dans quelques jardins du voisinage dont les dispositions étroites et régulières n'ont rien de commun avec ces grands paysages dont se compose une nature agreste, et qui attachent si fortement l'homme sauvage aux lieux de son enfance. Ainsi

Mme Guérin le conduit quelquefois au Luxembourg, et presque journellement au jardin de l'Observatoire, où les bontés du citoyen Lemeri l'ont habitué à aller tous les jours goûter avec du lait. Au moyen de ces nouvelles habitudes, de quelques récréations de son choix et de tous les bons traitements enfin dont on a environné sa nouvelle existence, il a fini par y prendre goût. De là est né cet attachement assez vif qu'il a pris pour sa gouvernante, et qu'il lui témoigne quelquefois de la manière la plus touchante. Ce n'est jamais sans peine qu'il s'en sépare, ni sans des preuves de contentement qu'il la rejoint.

Une fois, qu'il lui avait échappé dans les rues, il versa, en la revoyant, une grande abondance de larmes. Quelques heures après il avait encore la respiration haute, entrecoupée et le pouls dans une sorte d'état fébrile. Mme Guérin lui ayant alors adressé quelques reproches, il en traduisit si bien le ton, qu'il se remit à pleurer. L'amitié qu'il a pour moi est beaucoup plus faible et cela doit être ainsi. Les soins que prend de lui Mme Guérin sont tous de nature à être appréciés sur-le-champ ; et ceux que je lui donne ne sont pour lui d'aucune utilité sensible. Cette différence est si véritablement due à la cause que j'indique, que j'ai mes heures pour être bien reçu : ce sont celles que jamais je n'ai employées à son instruction. Que je me rende chez lui, par exemple, à l'entrée de la nuit, lorsqu'il vient de se coucher, son premier mouvement est de se mettre sur son séant pour que je l'embrasse, puis de m'attirer à lui en me saisissant le bras et me faisant asseoir sur son lit. Ordinairement alors il me prend la main, la porte sur ses yeux, sur son front, sur l'occiput, et me la tient avec la sienne assez longtemps appliquée sur ces parties. D'autres fois il se lève en riant aux éclats, et se place vis-à-vis de moi pour me caresser les genoux à sa manière, qui consiste à me les palper, à me les masser fortement dans tous les sens et pendant plusieurs minutes, et puis dans quelques cas d'y appliquer ses lèvres à deux ou trois reprises. On en dira ce qu'on voudra, mais j'avouerai que je me prête sans façon à tous ces enfantillages.

Peut-être serai-je entendu, si l'on se souvient de l'influence majeure qu'ont sur l'esprit de l'enfant ces complaisances inépuisables, ces petits riens officieux que la nature a mis dans le cœur d'une mère, qui font éclore les premiers sourires, et naître les premières joies de la vie.

IV

QUATRIÈME VUE. — *Le conduire à l'usage de la parole,
en déterminant l'exercice de l'imitation par la loi
impérieuse de la nécessité.*

Si j'avais voulu ne produire que des résultats heureux, j'aurais supprimé de cet ouvrage cette quatrième vue, les moyens que j'ai mis en usage pour la remplir, et le peu de succès que j'en ai obtenu. Mais mon but est bien moins de donner l'histoire de mes soins que celle des premiers développements moraux du *Sauvage de l'Aveyron,* et je ne dois rien omettre de ce qui peut y avoir le moindre rapport. Je serai même obligé de présenter ici quelques idées théoriques, et j'espère qu'on me les pardonnera en voyant l'attention que j'ai eue de ne les appuyer que sur des faits, et reconnaissant la nécessité où je me trouve de répondre à ces éternelles objections. *Le sauvage parle-t-il? S'il n'est pas sourd pourquoi ne parle-t-il pas?*

On conçoit aisément qu'au milieu des forêts et loin de la société de tout être pensant, le sens de l'ouïe de notre sauvage n'éprouvait d'autres impressions que celles que faisaient sur lui un petit nombre de bruits, et particulièrement ceux qui se liaient à ses besoins physiques. Ce n'était point là cet organe qui apprécie les sons, leur articulation et leurs combinaisons; ce n'était qu'un simple moyen de conversation individuelle, qui avertissait de l'approche d'un animal dangereux, ou de la chute de quelque fruit sauvage. Voilà sans doute à quelles fonctions se bornait l'ouïe, si l'on en juge par le peu ou la nullité d'action qu'avaient sur cet organe, il y a un an, tous les sons et les bruits qui n'intéressaient pas les besoins de l'individu; et par la sensibilité exquise que ce sens témoignait au contraire pour ceux qui y avaient quelque rapport. Quand on épluchait, à son insu et le plus doucement possible, un marron, une noix; quand on touchait seulement à la clef de la porte qui le tenait captif, il ne manquait jamais de se retourner brusquement et d'accourir vers l'endroit d'où partait le bruit. Si l'organe de l'ouïe ne témoignait pas la même susceptibilité pour les sons de la voix, pour l'explosion même des armes à feu, c'est qu'il était nécessairement peu sensible et peu attentif à toute autre impression qu'à celle dont il s'était fait une longue et exclusive habitude (1). On conçoit donc

(1) J'observerai, pour donner plus de force à cette assertion, qu'à mesure que l'homme s'éloigne de son enfance, l'exercice de ses sens devient de jour en jour moins universel. Dans le premier âge de sa vie, il veut tout voir, tout toucher, il porte à la bouche tous les corps qu'on lui présente; le moindre bruit le fait tressaillir; ses sens s'arrêtent sur tous les objets, même sur ceux qui n'ont aucun rapport connu avec ses besoins. A mesure qu'il s'éloigne de cette époque, qui est en quelque sorte celle de l'apprentissage des sens, les objets ne le frappent qu'autant qu'ils se rapportent à ses appétits, à ses habitudes ou à ses inclinations. Alors même il arrive souvent qu'il n'y a qu'un ou deux sens qui réveillent son attention. C'est un musicien prononcé qui, attentif à tout ce qu'il entend, est indifférent à tout ce qu'il voit. Ce sera si l'on veut, un minéralogiste et un botaniste exclusifs qui, dans un champ fertile en objets de leurs recherches, ne voient le premier que des minéraux, et le second que des productions végétales. Ce sera un mathématicien sans oreille, qui dira au sortir d'une pièce de Racine : qu'est-ce que tout cela prouve ? Si donc, après les

161

pourquoi l'oreille, très apte à percevoir certains bruits, même les plus légers, le doit être très peu à apprécier l'articulation des sons. D'ailleurs il ne suffit pas pour parler de percevoir le son de la voix ; il faut encore apprécier l'articulation de ce son ; deux opérations bien distinctes, et qui exigent, de la part de l'organe, des conditions différentes. Il suffit, pour la première, d'un certain degré de sensibilité du nerf acoustique ; il faut, pour la seconde, une modification spéciale de cette même sensibilité. On peut donc, avec des oreilles bien organisées et bien vivantes, ne pas saisir l'articulation des mots. On trouve parmi les crétins beaucoup de muets et qui pourtant ne sont pas sourds. Il y a parmi les élèves du citoyen Sicard, deux ou trois enfants qui entendent parfaitement le son de l'horloge, un claquement de mains, les tons les plus bas de la flûte et du violon, et qui cependant n'ont jamais pu imiter la prononciation d'un mot, quoique articulé très haut et très lentement. Ainsi l'on pourrait dire que la parole est une espèce de musique, à laquelle certaines oreilles, quoique bien constituées d'ailleurs, peuvent être insensibles. En sera-t-il de même de l'enfant dont il est question ? Je ne le pense pas, quoique mes espérances reposent sur un petit nombre de faits, il est vrai que mes tentatives à cet égard n'ont pas été plus nombreuses, et que longtemps embarrassé sur le parti que j'avais à prendre, je m'en suis tenu au rôle d'observateur. Voici

premiers temps de l'enfance, l'attention ne se porte naturellement que sur les objets qui ont avec nos goûts des rapports connus ou pressentis, on conçoit pourquoi notre jeune sauvage, n'ayant qu'un petit nombre de besoins, ne devait exercer ses sens que sur un petit nombre d'objets. Voilà si je ne me trompe, la cause de cette inattention absolue qui frappait tout le monde lors de son arrivée à Paris, et qui dans le moment actuel a disparu presque complètement, parce qu'on lui a fait sentir la liaison qu'ont avec lui tous les nouveaux objets qui l'environnent.

donc ce que j'ai remarqué. Dans les quatre ou cinq premiers mois de son séjour à Paris, le *Sauvage de l'Aveyron* ne s'est montré sensible qu'aux différents bruits qui avaient avec lui les rapports que j'ai indiqués. Dans le courant de frimaire il a paru entendre la voix humaine, et lorsque dans le corridor qui avoisine sa chambre, deux personnes s'entretenaient à haute voix, il lui arrivait de s'approcher de la porte pour s'assurer si elle était bien fermée, et de rejeter sur elle une porte battante intérieure, avec l'attention de mettre le doigt sur le loquet pour en assurer encore mieux la ferme-ture. Je remarquai quelque temps après, qu'il distin-guait la voix des sourds-muets, ou plutôt ce cri guttural qui leur échappe continuellement dans leurs jeux. Il semblait même reconnaître l'endroit d'où partait le son. Car s'il l'entendait en descendant l'escalier, il ne manquait jamais de remonter ou de descendre plus précipitamment, selon que ce cri partait d'en bas ou d'en haut. Je fis, au commencement de nivôse, une observation plus intéressante. Un jour qu'il était dans la cuisine occupé à faire cuire des pommes de terre, deux personnes se disputaient vivement derrière lui, sans qu'il parût y faire la moindre attention. Une troisième survint qui, se mêlant à la discussion, commençait toutes ses répliques par ces mots : *Oh ! c'est différent.* Je remarquais que toutes les fois que cette personne laissait échapper son exclamation favo-rite : *oh !* le *Sauvage de l'Aveyron* retournait vivement la tête. Je fis, le soir, à l'heure de son coucher, quelques expériences sur cette intonation, et j'en obtins à peu près les mêmes résultats. Je passai en revue toutes les autres intonations simples, connues sous le nom de voyelles, et sans aucun succès. Cette préférence pour l'o m'engagea à lui donner un nom qui se terminât par cette voyelle. Je fis choix de celui de *Victor*. Ce nom lui est resté, et quand on le prononce à haute voix, il manque rarement de tourner la tête ou d'accourir.

C'est peut-être encore pour la même raison, que par la suite il a compris la signification de la négation *non*, dont je me sers souvent pour le faire revenir de ses erreurs, quand il se trompe dans ses petits exercices.

Au milieu de ces développements lents, mais sensibles, de l'organe de l'ouïe, la voix restait toujours muette, et refusait de rendre les sons articulés que l'oreille paraissait apprécier ; cependant les organes vocaux ne présentaient dans leur conformation extérieure aucune trace d'imperfection, et il n'y avait pas lieu d'en soupçonner dans leur organisation intérieure. Il est vrai que l'on voit à la partie supérieure et antérieure du col une cicatrice assez étendue, qui pourrait jeter quelque doute sur l'intégrité des parties subjacentes si l'on n'était rassuré par l'aspect de la cicatrice. Elle annonce à la vérité une plaie faite par un instrument tranchant ; mais à voir son apparence linéaire, on est porté à croire que la plaie n'était que tégumenteuse, et qu'elle se sera réunie d'emblée, ou comme l'on dit, par première indication. Il est à présumer qu'une main plus disposée que façonnée au crime, aura voulu attenter aux jours de cet enfant, et que, laissé pour mort dans les bois, il aura dû aux seuls secours de la nature la prompte guérison de sa plaie ; ce qui n'aurait pu s'effectuer aussi heureusement si les parties musculeuses et cartilagineuses de l'organe de la voix avaient été divisées. Ces considérations me conduisent à penser, lorsque l'oreille commença à percevoir quelques sons, que si la voix ne les répétait pas, il ne fallait point en accuser une lésion organique, mais la défaveur des circonstances. Le défaut total d'exercice rend nos organes inaptes à leurs fonctions, et si ceux déjà faits à leurs usages sont si puissamment affectés par cette inaction, que sera-ce de ceux qui croissent et se développent sans qu'aucun agent tende à les mettre en jeu ? Il faut dix-huit mois au moins d'une éducation soignée, pour que l'enfant bégaie quelques mots ; et l'on voudrait qu'un dur habitant des forêts, qui n'est dans la société que depuis quatorze ou quinze mois, dont il a passé cinq ou six parmi des sourds-muets, fût déjà en état de parler ! Non seulement cela ne doit pas être ; mais il faudra, pour parvenir à ce point important de son éducation, beaucoup plus de temps, beaucoup plus de peines qu'il n'en faut au moins précoce des enfants. Celui-ci ne sait rien, mais il possède à un degré éminent la susceptibilité de tout apprendre : penchant inné à l'imitation, flexibilité et sensibilité excessives de tous les organes ; mobilité perpétuelle de la langue ; consistance presque gélatineuse du larynx : tout, en un mot, tout concourt à produire chez lui ce gazouillement continuel, apprentissage involontaire de la voix que favorisent encore la toux, l'éternuement, les cris de cet âge, et même les pleurs, les pleurs qu'il faut considérer non seulement comme les indices d'une vive excitabilité, mais encore comme un mobile puissant, appliqué sans relâche et dans les temps les plus opportuns aux développements simultanés des organes de la respiration, de la voix et de la parole. Que l'on m'accorde ces grands avantages, et je réponds de leur résultat. Si l'on reconnaît avec moi que l'on ne doit plus y compter dans l'adolescence du jeune Victor, que l'on convienne aussi des ressources fécondes de la Nature, qui sait se créer de nouveaux moyens d'éducation quand des causes accidentelles viennent à le priver de ceux qu'elle avait primitivement disposés. Voici du moins quelques faits qui peuvent la faire espérer.

J'ai dit dans l'énoncé de cette 4ᵉ vue, que je me proposais de le conduire à l'usage de la parole, *en déterminant l'exercice de l'imitation par la loi impérieuse de la nécessité.* Convaincu, en effet, par les considérations émises dans ces deux derniers paragraphes, et par une autre non moins concluante que j'exposerai bientôt, qu'il ne fallait s'attendre qu'à un travail tardif de la part du larynx, je devais faire en sorte de l'activer par l'appât des objets nécessaires à ses besoins. J'avais lieu de croire que la voyelle *O* ayant été la première entendue, serait la première prononcée, et je trouvai fort heureux pour mon plan que cette simple prononciation fût, au moins quant au son, le signe d'un des besoins les plus ordinaires de cet enfant. Cependant, je ne pus tirer aucun parti de cette favorable coïncidence. En vain, dans les moments où sa soif était ardente, je tenais devant lui un vase rempli d'eau, en criant fréquemment *eau, eau;* en donnant le vase à une personne qui prononçait le même mot à côté de lui, et le réclamant moi-même par ce moyen, le malheureux se tourmentait dans tous les sens, agitait ses bras autour du vase d'une manière presque convulsive, rendait une espèce de sifflement et n'articulait aucun son. Il y aurait eu de l'inhumanité d'insister davantage. Je changeai de sujet, sans cependant changer de méthode. Ce fut sur le mot *lait* que portèrent mes tentatives.

Le quatrième jour de ce second essai je réussis au gré de mes désirs, et j'entendis *Victor* prononcer distinctement, d'une manière un peu rude à la vérité, le mot *lait* qu'il répéta presque aussitôt. C'était la première fois qu'il sortait de sa bouche un son articulé, et je ne l'entendis pas sans la plus vive satisfaction.

Je fis néanmoins une réflexion qui diminua de beaucoup, à mes yeux, l'avantage de ce premier succès. Ce ne fut qu'au moment où, désespérant de réussir, je venais de verser le lait dans la tasse qu'il me présentait, que le mot *lait* lui échappa avec de grandes démonstrations de plaisir ; et ce ne fut encore qu'après que je lui en eus versé de nouveau en manière de récompense, qu'il le prononça pour la seconde fois. On voit pourquoi ce mode de résultat était loin de remplir mes intentions ; le mot prononcé, au lieu d'être le signe du besoin, n'était relativement au temps où il avait été articulé, qu'une vaine exclamation de joie. Si ce mot fut sorti de sa bouche avant la concession de la chose désirée, c'en était fait ; le véritable usage de la parole était saisi par *Victor ;* un point de communication s'établissait entre lui et moi, et les progrès les plus rapides découlaient de ce premier succès. Au lieu de tout cela, je ne venais d'obtenir qu'une expression, insignifiante pour lui et inutile pour nous, du plaisir qu'il ressentait. A la rigueur, c'était bien un signe vocal, le signe de la possession de la chose. Mais celui-là, je le répète, n'établissait aucun rapport entre nous ; il devait être bientôt négligé, par cela même qu'il était inutile aux besoins de l'individu, et soumis à une foule d'anomalies, comme le sentiment éphémère et variable dont il était devenu l'indice. Les résultats subséquents de cette fausse direction ont été tels que je les redoutais.

Ce n'était le plus souvent que dans la jouissance de la chose que le mot *lait* se faisait entendre. Quelquefois il lui arrivait de le prononcer avant, et d'autres fois peu de temps après, mais toujours sans intention. Je n'attache pas plus d'importance à la répétition spontanée qu'il en faisait, et qu'il en fait encore, dans le

167

courant de la nuit quand il vient à s'éveiller. Après ce premier résultat, j'ai totalement renoncé à la méthode par laquelle je l'avais obtenu ; attendant le moment où les localités me permettront de lui en substituer une autre que je crois beaucoup plus efficace, j'abandonnai l'organe de la voix à l'influence de l'imitation qui, bien que faible, n'est pourtant pas éteinte, s'il faut en juger par quelques petits progrès ultérieurs et spontanés.

Le mot *lait* a été pour *Victor* la racine de deux autres monosyllabes *la* et *li*, auxquels certainement il attache encore moins de sens. Il a depuis peu modifié le dernier en y ajoutant un second *l*, et les prononçant toutes les deux comme le *gli* de la langue italienne. On l'entend fréquemment répéter *lli, lli*, avec une inflexion de voix qui n'est pas sans douceur. Il est étonnant que *l* mouillé, qui est pour les enfants une des syllabes des plus difficiles à prononcer, soit une des premières qu'il ait articulées. Je ne serais pas éloigné de croire qu'il y a dans ce pénible travail de la langue une sorte d'intention en faveur du nom de *Julie*, jeune demoiselle de onze à douze ans, qui vient passer les dimanches chez Mme Guérin, sa mère. Il est certain que ce jour-là les exclamations *lli, lli*, deviennent plus fréquentes, et se font même, au rapport de sa gouvernante, entendre pendant la nuit, dans les moments où l'on a lieu de croire qu'il dort profondément. On ne peut déterminer au juste la cause et la valeur de ce dernier fait. Il faut attendre que la puberté plus avancée nous ait fourni, pour le classer et pour en rendre compte, un plus grand nombre d'observations. La dernière acquisition de l'organe de la voix est un peu plus considérable, et composée de deux syllabes qui en valent bien trois par la manière dont il prononce la dernière.

C'est l'exclamation *Oh Dieu !* qu'il a prise de

Mme Guérin, et qu'il laisse fréquemment échapper dans ses grandes joies. Il la prononce en supprimant l'*u* de Dieu, et en appuyant l'*i* comme s'il était double ; de manière qu'on l'entend crier distinctement : *Oh Diie ! oh Diie !* L'*o* que l'on trouve dans cette dernière combinaison de son, n'était pas nouveau pour lui, et j'étais parvenu quelque temps auparavant à le lui faire prononcer.

Voilà, quant à l'organe de la voix, le point où nous en sommes. On voit que toutes les voyelles, à l'exception de l'*u*, entrent déjà dans le petit nombre de sons qu'il articule, et que l'on ne trouve que les trois consonnes, *l, d* et *l* mouillé. Ces progrès sont assurément bien faibles, si on les compare à ceux qu'exige le développement complet de la voix humaine, mais ils m'ont paru suffisants pour garantir la possibilité de ce développement. J'ai dit plus haut les causes qui doivent nécessairement le rendre long et difficile. Il en est encore une qui n'y contribuera pas moins, et que je ne dois point passer sous silence. C'est la facilité qu'a notre jeune sauvage d'exprimer autrement que par la parole le petit nombre de ses besoins (1). Chacune de ses volontés se manifeste par les signes les plus expressifs, qui ont en quelque sorte, comme les nôtres, leurs gradations et leur synonymie. L'heure de la promenade est-elle arrivée, il se présente à diverses reprises devant la croisée et devant la porte de sa chambre. S'il s'aperçoit alors que sa gouvernante n'est point prête, il dispose devant elle tous les objets nécessaires à sa toilette, et

(1) Mes observations confirment encore sur ce point important l'opinion de Condillac qui dit, en parlant de l'origine du langage des sens : « Le langage d'action, alors si naturel, était un grand obstacle à surmonter ; pouvait-on l'abandonner pour un autre dont on ne prévoyait pas les avantages, et dont la difficulté se faisait sentir ? »

169

dans son impatience il va même jusqu'à l'aider à s'habiller. Cela fait, il descend le premier et tire lui-même le cordon de la porte. Arrivé à l'Observatoire son premier soin est de demander du lait ; ce qu'il fait en présentant une écuelle de bois, qu'il n'oublie jamais, en sortant, de mettre dans sa poche, et dont il se munit pour la première fois le lendemain d'un jour qu'il avait cassé, dans la même maison et pour le même usage, une tasse de porcelaine.

Là encore, pour rendre complets les plaisirs de ses soirées on a depuis quelque temps la bonté de le voiturer dans une brouette. Depuis lors, dès que l'envie lui en prend si personne ne se présente pour le satisfaire, il rentre dans la maison, prend quelqu'un par le bras, le conduit dans le jardin, et lui met entre les mains les branches de la brouette, dans laquelle il se place aussitôt ; si on résiste à cette première invitation, il quitte le siège, revient aux branches de la brouette, la fait rouler quelques tours et vient s'y placer de nouveau, imaginant sans doute que si ses désirs ne sont pas remplis, ce n'est pas faute de les avoir clairement manifestés. S'agit-il de dîner ? ses intentions sont encore moins douteuses. Il met lui-même le couvert et présente à Mme Guérin les plats qu'elle doit descendre à la cuisine pour y prendre leurs aliments. Si c'est en ville qu'il dîne avec moi, toutes ses demandes s'adressent à la personne qui fait les honneurs de la table ; c'est toujours à elle qu'il se présente pour être servi. Si l'on fait semblant de ne pas l'entendre, il place son assiette à côté du mets qu'il dévore des yeux. Si cela ne produit rien, il prend une fourchette et en frappe deux ou trois coups sur le rebord du plat. Insiste-t-il encore ? Alors il ne garde plus de mesure ; il plonge une cuiller, ou même sa main dans le plat, et en un clin d'œil il le vide en entier dans son assiette. Il n'est guère moins expressif dans la manière de témoigner les affections de son âme et surtout l'impatience de l'ennui. Nombre de curieux savent comment, avec plus de franchise naturelle que de politesse, il les congédie lorsque, fatigué de la longueur de leurs visites, il présente à chacun d'eux, et sans méprise, leur canne, leurs gants et leur chapeau, les pousse doucement vers la porte qu'il referme impétueusement sur eux (1).

Pour compléter l'histoire de ce langage à pantomimes, il faut que je dise encore que *Victor* l'entend avec autant de facilité qu'il le parle.

Il suffit à Mme Guérin, pour l'envoyer quérir de l'eau, de lui montrer la cruche et de lui faire voir qu'elle est vide en donnant au vase une position renversée.

Un procédé analogue me suffit pour l'engager à me servir à boire quand nous dînons ensemble etc. Mais ce qu'il y a de plus étonnant dans la manière avec laquelle il se prête à ces moyens de communication, c'est qu'il n'est besoin d'aucune leçon préliminaire, ni d'aucune convention réciproque pour se faire entendre. Je m'en convainquis un jour par une expérience des plus concluantes. Je choisis entre une foule d'autres, un objet pour lequel je m'assurai d'avance qu'il n'existait entre lui et sa gouvernante aucun signe indicateur.

Tel était, par exemple, le peigne dont on se servait pour lui, et que je voulus me faire apporter. J'aurais été

_____

(1) Il est digne de remarque que ce langage d'action est entièrement naturel et que dès les premiers jours de son entrée dans la société, il l'employait de la manière la plus expressive. « Quand il eut soif, dit le citoyen Constant-S. Estève qui l'a vu dans les commencements de cette époque intéressante, il porta ses regards à droite et à gauche ; ayant aperçu une cruche, il mit ma main dans la sienne et me conduisit vers la cruche, qu'il frappa de la main gauche pour me demander à boire. On apporta du vin qu'il dédaigna en témoignant de l'impatience sur le retard que je mettais à lui donner de l'eau. »

bien trompé si en me hérissant les cheveux dans tous les sens, et lui présentant ainsi ma tête en désordre, je n'avais été compris. Je le fus en effet, et j'eus aussitôt entre les mains ce que je demandais. Beaucoup de personnes ne voient dans tous ces procédés que la façon de faire d'un animal ; pour moi, je l'avouerai, je crois y reconnaître dans toute sa simplicité le langage d'action, ce langage primitif de l'espèce humaine, originellement employé dans l'enfance des premières sociétés, avant que le travail de plusieurs siècles eût coordonné le système de la parole et fourni à l'homme civilisé un fécond et sublime moyen de perfectionnement, qui fait éclore sa pensée même dans son berceau, et dont il se sert toute la vie sans apprécier ce qu'il est par lui, et ce qu'il serait sans lui s'il s'en trouvait accidentellement privé, comme dans le cas qui nous occupe. Sans doute un jour viendra où des besoins plus multipliés feront sentir au jeune *Victor* la nécessité d'user de nouveaux signes. L'emploi défectueux qu'il a fait de ses premiers sons pourra bien retarder cette époque, mais non pas l'empêcher. Il n'en sera peut-être ni plus ni moins que ce qui arrive à l'enfant qui d'abord balbutie le mot *papa,* sans y attacher aucune idée, s'en va le disant dans tous les lieux et en toute autre occasion, le donne ensuite à tous les hommes qu'il voit, et ne parvient qu'après une foule de raisonnements et même d'abstractions à en faire une seule et juste application.

V

Cinquième vue. — *Exercer pendant quelque temps, sur les objets de ses besoins physiques, les plus simples opérations de l'esprit, et en déterminer ensuite l'application sur des objets d'instruction.*

Considéré dans sa plus tendre enfance et sous le rapport de son entendement, l'homme ne paraît pas s'élever encore au-dessus des autres animaux. Toutes ses facultés intellectuelles sont rigoureusement circonscrites dans le cercle étroit de ses besoins physiques. C'est pour eux seuls que s'exercent les opérations de son esprit. Il faut alors que l'éducation s'en empare et les applique à son instruction, c'est-à-dire à un nouvel ordre de choses qui n'ont aucun rapport avec ses premiers besoins. De cette application découlent toutes ses connaissances, tous les progrès de son esprit, et les conceptions du génie le plus sublime. Quel que soit le degré de probabilité de cette idée, je ne la reproduis ici que comme le point de départ de la marche que j'ai suivie pour remplir cette dernière vue.

Je n'entrerai pas dans les détails des moyens mis en usage pour exercer les facultés intellectuelles du *Sau-*

173

vage de l'Aveyron sur les objets de ses appétits. Ces moyens n'étaient autre chose que des obstacles toujours croissants, toujours nouveaux mis entre lui et ses besoins, et qu'il ne pouvait surmonter sans exercer continuellement son attention, sa mémoire, son jugement et toutes les facultés de ses sens (1). Ainsi se développèrent toutes les facultés qui devaient servir à son instruction, et il ne fallait plus que trouver les moyens les plus faciles de les faire valoir. Je devais peu compter encore sur les ressources du sens de l'ouïe ; et sous ce rapport le *Sauvage de l'Aveyron* n'était qu'un sourd-muet. Cette considération m'engagea à tenter la méthode du citoyen Sicard. Je commençai donc par les premiers procédés usités dans cette célèbre école, et

(1) Il n'est pas inutile de faire remarquer que je n'ai éprouvé aucune difficulté pour remplir ce premier but. Toutes les fois qu'il s'agit de ses besoins, son attention, sa mémoire et son intelligence semblent s'élever au-dessus de lui-même ; c'est une remarque qu'on a pu faire de tous les temps et qui, si on l'eut sérieusement approfondie, eût conduit à prévoir un avenir heureux. Je ne crains pas de dire que je regarde comme une grande preuve d'intelligence d'avoir pu apprendre au bout de six semaines de séjour dans la société, à préparer ses aliments avec tous les soins et les détails que nous a transmis le citoyen Bonnaterre. « Son occupation pendant son séjour à Rodez, dit ce naturaliste, consistait à écosser des haricots, et il remplissait cette tâche avec le degré de discernement dont serait susceptible l'homme le plus exercé. Comme il savait par expérience que ces sortes de légumes étaient destinés pour sa subsistance, aussitôt qu'on lui apportait une botte de tiges desséchées il allait chercher une marmite et établissait la scène de cette opération au milieu de l'appartement. Là, il distribuait ses matériaux le plus commodément possible. Le pot était placé à droite et les haricots à gauche ; il ouvrait successivement les gousses l'une après l'autre, avec une souplesse de doigts inimitable ; il mettait dans le pot les bonnes graines et rejetait celles qui étaient moisies ou tachées ; si par hasard quelque graine lui échappait, il la suivait de l'œil, la ramassait et la mettait avec les autres. A mesure qu'il vidait les gousses, il les empilait à côté de lui avec symétrie, et lorsque son travail était fini, il enlevait le pot, y versait de l'eau et le portait auprès du feu dont il entretenait l'activité avec les gousses qu'il avait entassées séparément. Si le feu était éteint, il prenait la pelle qu'il déposait entre les mains de son surveillant, lui faisait signe d'en aller chercher dans le voisinage, etc. »

dessinai sur une planche noire la figure linéaire de quelques objets dont un simple dessin pouvait le mieux représenter la forme ; tels qu'une clef, des ciseaux et un marteau. J'appliquai à diverses reprises et dans les moments où je voyais que j'étais observé, chacun de ces objets sur sa figure respective, et quand je fus assuré par là de lui en avoir fait sentir les rapports, je voulus me les faire apporter successivement en désignant du doigt la figure de celui que je demandais. Je n'en obtins rien, j'y revins plusieurs fois et toujours avec aussi peu de succès : ou il refusait avec entêtement d'apporter celle des trois choses que j'indiquais, ou bien il apportait avec celle-là les deux autres, et me les présentait toutes à la fois. Je me persuadai que cela tenait à un calcul de paresse, qui ne lui permettait pas de faire en détail ce qu'il trouvait tout simple d'exécuter en une seule fois. Je m'avisai alors d'un moyen qui le força à détailler son attention sur chacun de ces objets. J'avais observé, même depuis quelques mois, qu'il avait un goût des plus prononcés pour l'arrangement : c'était au point qu'il se levait quelquefois de son lit pour remettre dans sa place accoutumée un meuble ou un ustensile quelconque qui se trouvait accidentellement dérangé. Il poussait ce goût plus loin encore pour les choses suspendues à la muraille : chacune avait un clou et son crochet particulier ; et quand il s'était fait quelque transposition entre ces objets, il n'était pas tranquille qu'il ne l'eût réparée lui-même. Il n'y avait donc qu'à soumettre aux mêmes arrangements les choses sur lesquelles je voulais exercer son attention. Je suspendis, au moyen d'un clou, chacun des objets au bas de leur dessin et les y laissai quelque temps. Quand ensuite je vins à les enlever et à les donner à *Victor,* ils furent aussitôt replacés dans leur ordre convenable. Je recommençai plusieurs fois et toujours avec les mêmes résultats. J'étais loin cependant de les attribuer à son discernement ; et cette classification ne pouvait bien être qu'un acte de mémoire. Je changeai, pour m'assurer, la position respective des dessins, et je le vis alors, sans aucun égard pour cette transposition, suivre pour l'arrangement des objets, le même ordre qu'auparavant. A la vérité, rien n'était si facile que de lui apprendre la nouvelle classification nécessitée par ce nouveau changement ; mais rien de plus difficile que de la lui faire raisonner. Sa mémoire seule faisait les frais de chaque arrangement. Je m'attachai alors à neutraliser en quelque sorte les secours qu'il en retirait. J'y parvins en la fatiguant sans relâche par l'augmentation du nombre de dessins et par la fréquence de leurs inversions. Alors cette mémoire devint un guide insuffisant pour l'arrangement méthodique de tous ces corps nombreux ; alors l'esprit dut avoir recours à la comparaison du dessin avec la chose. Quel pas difficile je venais de franchir. Je n'en doutai point quand je vis notre jeune *Victor* attacher ses regards, et successivement, sur chacun des objets, en choisir un, et chercher ensuite la figure à laquelle il voulait le rapporter, et j'en eus bientôt la preuve matérielle par l'expérience de l'inversion méthodique des objets.

Ce résultat m'inspira les plus brillantes espérances ; je croyais n'avoir plus de difficultés à vaincre, quand il s'en présenta une des plus insurmontables, qui m'arrêta opiniâtrement et me força de renoncer à ma méthode. On sait que dans l'instruction du sourd-muet, on fait ordinairement succéder à ce premier procédé comparatif un second beaucoup plus difficile. Après avoir fait sentir, par des comparaisons répétées, le rapport de la chose avec son dessin, on place autour de celui-ci toutes

176

les lettres qui forment le mot de l'objet représenté par la figure. Cela fait, on efface celle-ci, il ne reste plus que les signes alphabétiques. Le sourd-muet ne voit, dans ce second procédé, qu'un changement de dessin, qui continue d'être pour lui le signe de l'objet. Il n'en fut pas de même de *Victor* qui, malgré les répétitions les plus fréquentes, malgré l'exposition prolongée de la chose au-dessous de son mot, ne put jamais s'y reconnaître. Je n'eus pas de peine à me rendre compte de cette difficulté et il me fut aisé de comprendre pourquoi elle était insurmontable. De la figure d'un objet à sa représentation alphabétique, la distance est immense et d'autant plus grande pour l'élève qu'elle se présente là, aux premiers pas de l'instruction. Si les sourds-muets n'y sont pas arrêtés c'est qu'ils sont, de tous les enfants, les plus attentifs et les plus observateurs. Accoutumés dès leur plus tendre enfance à entendre et à parler par les yeux, ils sont, plus que personne, exercés à apprécier tous les rapports des objets visibles.

Il fallait donc chercher une méthode plus analogue aux facultés encore engourdies de notre sauvage, une méthode dans laquelle chaque difficulté vaincue l'élevât au niveau de la difficulté à vaincre. Ce fut dans cet esprit que je traçai mon nouveau plan. Je ne m'arrêterai pas à en faire l'analyse ; on en jugera par l'exécution.

Je collai sur une planche de deux pieds carrés trois morceaux de papier, de forme bien distincte et de couleur bien tranchée. C'était un plan circulaire et rouge, un autre triangulaire et bleu, le troisième de figure carrée et de couleur noire. Trois morceaux de carton, également colorés et figurés, furent, au moyen d'un trou dont ils étaient percés dans leur milieu, et des clous disposés à cet effet sur la planche, furent, dis-je, appliqués et laissés pendant quelques jours sur leurs modèles respectifs. Les ayant ensuite enlevés et présentés à *Victor*, ils furent replacés sans difficulté. Je m'assurai, en renversant le tableau et en changeant par là l'ordre des figures, que ces premiers résultats n'étaient point routiniers, mais dus à la comparaison. Au bout de quelques jours, je substituai un autre tableau à ce premier. J'y avais représenté les mêmes figures, mais toutes d'une couleur uniforme. Dans le premier, l'élève avait, pour se reconnaître, le double indice des formes et des couleurs ; dans le second il n'avait plus qu'un guide, la comparaison des formes. Presque en même temps je lui en présentai un troisième, où toutes les figures étaient égales, et toujours mêmes résultats, car je compte pour rien quelques fautes d'attention. La facilité avec laquelle s'exécutaient ces petites comparaisons, m'engagea à lui en présenter de nouvelles. Je fis des additions et des modifications aux deux derniers tableaux. J'ajoutai à celui des figures d'autres formes beaucoup moins distinctes, et à celui des couleurs, de nouvelles couleurs qui ne différaient entre elles que par des nuances. Il y avait, par exemple, dans le premier un parallélogramme un peu allongé à côté d'un carré, et dans le second un échantillon bleu céleste à côté d'un bleu grisâtre. Il se présenta ici quelques erreurs et quelques incertitudes, mais qui disparurent au bout de quelques jours d'exercice.

Ces résultats m'enhardirent à de nouveaux changements, toujours plus difficiles. Chaque jour j'ajoutais, je retranchais, je modifiais et provoquais de nouvelles comparaisons et de nouveaux jugements. A la longue, la multiplicité et les complications de ces petits exercices finirent par fatiguer son attention et sa docilité.

Alors reparurent, dans toute leur intensité, ces mouvements d'impatience et de fureur qui éclataient si violemment au commencement de son séjour à Paris lorsque, surtout, il se trouvait enfermé dans sa chambre. N'importe, il me sembla que le moment était venu où il fallait ne plus apaiser ces mouvements par condescendance, mais les vaincre par énergie. Je crus donc devoir insister.

Ainsi quand, dégoûté d'un travail dont à la vérité il ne concevait pas le but, et dont il était bien naturel qu'il se lassât, il lui arrivait de prendre les morceaux de carton, de les jeter à terre avec dépit et de gagner son lit avec fureur, je laissais passer une ou deux minutes ; je revenais à la charge avec le plus de sang-froid possible ; je lui faisais ramasser tous ses cartons, éparpillés dans la chambre et ne lui donnais de répit qu'ils ne furent replacés convenablement.

Mon obstination ne réussit que quelques jours, et fut, à la fin, vaincue par ce caractère indépendant. Ses mouvements de colère devinrent plus fréquents, plus violents, et simulèrent des accès de rage semblables à ceux dont j'ai déjà parlé, mais avec cette différence frappante que les effets en étaient moins dirigés vers les personnes que vers les choses. Il s'en allait alors, dans cet esprit destructeur, mordant ses draps, les couvertures de son lit, la tablette de la cheminée, dispersant dans sa chambre les chenets, les cendres et les tisons enflammés, et finissant par tomber dans des convulsions qui avaient de commun avec celles de l'épilepsie une suspension complète des fonctions sensoriales. Force me fut de céder quand les choses en furent à ce point effrayant ; et néanmoins, ma condescendance ne fit qu'accroître le mal ; les accès en devinrent plus fréquents et susceptibles de se renouveler à la moindre contrariété, souvent même sans cause déterminante.

Mon embarras devint extrême. Je voyais le moment où tous mes soins n'auraient réussi qu'à faire de ce pauvre enfant, un malheureux épileptique. Encore quelques accès, et la force de l'habitude établissait une maladie des plus affreuses et des moins curables. Il fallait donc y remédier au plus tôt non par les médicaments, si souvent infructueux, non par la douceur, dont on n'avait plus rien à espérer ; mais par un procédé perturbateur, à peu près pareil à celui qu'avait employé Boerhaave dans l'hôpital de Harlem. Je me persuadai bien que si le premier moyen dont j'allais faire usage manquait son effet, le mal ne ferait que s'exaspérer, et que tout traitement de la même nature deviendrait inutile. Dans cette ferme conviction, je fis choix de celui que je crus être le plus effrayant pour un être qui ne connaissait encore, dans sa nouvelle existence, aucune espèce de danger.

Quelque temps auparavant, Mme Guérin étant avec lui à l'Observatoire, l'avait conduit sur la plate-forme qui est, comme l'on sait, très élevée. A peine est-il parvenu à quelque distance du parapet, que saisi d'effroi et d'un tremblement universel, il revient à sa gouvernante, le visage couvert de sueur, l'entraîne par le bras vers la porte, et ne trouve un peu de calme que lorsqu'il est au pied de l'escalier. Quelle pouvait être la cause d'un pareil effroi ? c'est ce que je ne recherchai point ; il me suffisait d'en connaître l'effet pour le faire servir à mes desseins. L'occasion se présenta bientôt, dans un accès des plus violents, que j'avais cru devoir provoquer par la reprise de nos exercices. Saisissant alors le moment où les fonctions des sens n'étaient point encore suspendues, j'ouvre avec violence la croisée de sa chambre, située au quatrième étage et donnant perpendiculairement sur de gros quartiers de pierre ; je m'approche de lui, avec toutes les apparences de la fureur, et le saisissant fortement par les hanches, je l'expose sur la fenêtre, la tête directement tournée vers le fond de ce précipice. Je l'en retirai quelques secondes après, pâle, couvert d'une sueur froide les yeux un peu larmoyants, et agité encore de quelques légers tressaillements que je crus appartenir aux effets de la peur. Je le conduisis vers ses tableaux. Je lui fis ramasser tous ses cartons, et j'exigeai qu'ils fussent tous replacés. Tout cela fut exécuté, à la vérité très lentement, et plutôt mal que bien ; mais au moins sans impatience. Ensuite il alla se jeter sur son lit où il pleura abondamment.

C'était la première fois, à ma connaissance du moins, qu'il versait des larmes. La circonstance dont j'ai déjà rendu compte, et dans laquelle le chagrin d'avoir quitté sa gouvernante ou le plaisir de la retrouver lui en fit répandre, est postérieure à celle-ci ; si je l'ai fait précéder dans ma narration, c'est que dans mon plan, j'ai moins suivi l'ordre des temps que l'exposition méthodique des faits.

Cet étrange moyen fut suivi d'un succès, sinon complet, au moins suffisant. Si son dégoût pour le travail ne fut pas entièrement surmonté, au moins fut-il beaucoup diminué, sans être jamais suivi d'effets pareils à ceux dont nous venons de rendre compte.

Seulement, dans les occasions où on le fatiguait un peu trop, de même que lorsqu'on le forçait à travailler à des heures consacrées à ses sorties ou à ses repas, il se contentait de témoigner de l'ennui, de l'impatience, et de faire entendre un murmure plaintif qui finissait ordinairement par des pleurs.

Ce changement favorable nous permit de reprendre avec exactitude le cours de nos exercices, que je soumis à de nouvelles modifications propres à fixer encore plus son jugement. Je substituai aux figures collées sur les tableaux, et qui étaient, comme je l'ai déjà dit, des plans entiers représentant des figures géométriques, des dessins linéaires de ces mêmes plans. Je me contentai aussi d'indiquer les couleurs par de petits échantillons de forme irrégulière, et nullement analogues à celle des cartons colorés. Je puis dire que ces nouvelles difficultés ne furent qu'un jeu pour l'enfant : résultat qui suffisait au but que je m'étais proposé en adoptant ce système de comparaisons grossières. Le moment était venu de le remplacer par un autre beaucoup plus instructif, et qui eût présenté des difficultés insurmontables, si elles n'avaient été aplanies d'avance par le succès des moyens que nous venions d'employer pour surmonter les premières.

Je fis imprimer en gros caractères, sur des morceaux de carton de deux pouces, les vingt-quatre lettres de l'alphabet. Je fis tailler, dans une planche d'un pied et demi carré, un nombre égal de cases, dans lesquelles je fis insérer les morceaux de carton, sans les y coller cependant, afin que l'on pût les changer de place au besoin. On construisit en métal, et dans les mêmes dimensions, un nombre égal de caractères. Ceux-ci étaient destinés à être comparés par l'élève aux lettres imprimées, et classées dans leurs cases correspondantes. Le premier essai de cette méthode fut fait, en mon absence, par Mme Guérin ; je fus fort surpris d'apprendre par elle, à mon retour, que *Victor* distinguait tous les caractères et les classait convenablement. L'épreuve en fut faite aussitôt et sans la moindre faute. Ravi d'un succès aussi rapide, j'étais loin encore de pouvoir en expliquer la cause ; et ce ne fut que quelques jours après qu'elle se présenta à moi dans la manière dont notre élève procédait à cette classification. Pour se la rendre plus facile, il s'était avisé lui-même d'un petit expédient qui le dispensait, dans ce travail, de mémoire, de comparaison et de jugement. Dès qu'on lui mettait le tableau entre les mains, il n'attendait pas qu'on enlevât de leurs cases les lettres métalliques ; il les retirait et les empilait sur sa main, en suivant l'ordre de leur classification ; de sorte que la dernière lettre de l'alphabet se trouvait, après les dépouillements complets du tableau, être la première de la pile, c'était aussi par celle-là qu'il commençait et par la dernière de la pile qu'il finissait, prenant conséquemment le tableau par la fin et procédant toujours de droite à gauche. Ce n'est pas tout : ce procédé était susceptible, pour lui, de perfectionnement ; car assez souvent la pile crevait, les caractères s'échappaient ; il fallait débrouiller tout cela, et le mettre en ordre par les seuls efforts de l'attention. Les vingt-quatre lettres se trouvaient disposées sur quatre rangs, de six chacun ; il était donc plus simple de ne les enlever que par rangées et de les replacer de même, de manière à ne passer au dépouillement de la seconde file que lorsque la première serait rétablie.

J'ignore s'il faisait le raisonnement que je lui prête ; au moins est-il sûr qu'il exécutait la chose comme je le dis. C'était donc une véritable routine, mais une routine de son invention et qui faisait peut-être autant d'honneur à son intelligence qu'une classification méthodique en fit bientôt à son discernement. Il ne fut pas difficile de le mettre sur cette voie, en lui donnant les caractères pêle-mêle, toutes les fois qu'on lui présentait le tableau. Enfin malgré les inversions fréquentes que je faisais subir aux caractères imprimés en

183

les changeant de cases ; malgré quelques dispositions insidieuses données à ces caractères, comme de placer le G à côté du C, l'E à côté de l'F, etc., son discernement était imperturbable. En l'exerçant sur tous ces caractères, j'avais eu pour but de préparer *Victor* à les faire servir à leur usage, sans doute primitif, c'est-à-dire à l'expression des besoins que l'on ne peut manifester par la parole. Loin de croire que je fusse déjà si près de cette grande époque de son éducation ce fut un esprit de curiosité, plutôt que de l'espoir du succès, qui me suggéra l'expérience que voici :

Un matin qu'il attendait impatiemment le lait dont il fait journellement son déjeuner, je pris dans son tableau et disposai sur une planche, que j'avais préparée exprès, ces quatre lettres : L A I T. Mme Guérin, que j'avais prévenue, s'approche, regarde les caractères et me donne de suite une tasse pleine de lait, dont je fais semblant de vouloir disposer pour moi-même. Un moment après je m'approche de *Victor :* je lui donne les quatre lettres que je venais d'enlever de dessus la planche ; je la lui indique d'une main, tandis que de l'autre je lui présente le vase plein de lait. Les lettres furent aussitôt replacées, mais dans un ordre tout à fait inverse, de sorte qu'elles donnèrent T I A L au lieu de L A I T. J'indiquais alors les corrections à faire, en désignant du doigt les lettres à transposer et la place qu'il fallait donner à chacune : lorsque ces changements eurent reproduit le signe de la chose, je ne la fis plus attendre.

On aura de la peine à croire que cinq ou six épreuves pareilles aient suffi, je ne dis pas pour lui faire arranger méthodiquement les quatre lettres du mot lait, mais aussi, le dirai-je, pour lui donner l'idée du rapport qu'il y a entre le mot et la chose. C'est du moins ce que l'on est fortement autorisé à soupçonner, d'après ce qui lui arriva huit jours après cette première expérience. On le vit prêt à partir le soir pour l'Observatoire, se munir, de son propre mouvement, des quatre lettres en question ; les mettre dans sa poche, et à peine arrivé chez le citoyen Lemeri où, comme je l'ai dit plus haut, il va tous les jours goûter avec du lait, produire ces caractères sur une table, de manière à former le mot *lait*.

....

J'étais dans l'intention de récapituler ici tous les faits disséminés dans cet ouvrage ; mais j'ai pensé que quelque force qu'ils pussent acquérir par leur réunion elle n'équivaudrait jamais à celle de ce dernier résultat. Je le consigne, pour ainsi dire nu et dépouillé de toutes réflexions, pour qu'il puisse marquer d'une manière plus frappante l'époque où nous sommes parvenus, et devenir garant de celle où il nous faut arriver. En attendant, on peut toujours conclure de la plupart de mes observations, de celles surtout qu'on a puisées dans ces deux dernières Vues, que l'enfant, connu sous le nom de *Sauvage de l'Aveyron,* est doué du libre exercice de tous ses sens ; qu'il donne des preuves continuelles d'attention, de réminiscence, de mémoire ; qu'il peut comparer, discerner et juger, appliquer enfin toutes les facultés de son entendement à des objets relatifs à son instruction. On remarquera, comme un point essentiel, que ces changements heureux sont survenus dans le court espace de neuf mois, chez un sujet que l'on croyait incapable d'attention ; et l'on en conclura que son éducation est possible, si elle n'est pas même déjà garantie par ces premiers succès, indépendamment de ceux qu'on doit nécessairement espérer du temps qui, dans sa marche invariable, semble donner à l'enfance, en force et en développements, tout ce qu'il ôte à l'homme au déclin de la vie (1).

Et cependant, quelles conséquences majeures, relatives à l'histoire philosophique et naturelle de l'homme, découlent déjà de cette première série d'observations ! Qu'on les rassemble ! qu'on les classe avec méthode ; qu'on les réduise à leur juste valeur, et l'on y verra la preuve matérielle des plus importantes vérités, de ces vérités dont Locke et Condillac ne durent la découverte qu'à la force de leur génie et à la profondeur de leurs méditations. Il m'a paru du moins qu'on pourrait en déduire :

1) Que l'homme est inférieur à un grand nombre d'animaux dans le pur *état de nature* (2) ; état de nullité

(1) C'est aux observateurs éclairés à venir s'assurer par eux-mêmes, de la vérité de ces résultats. Eux seuls peuvent juger de la valeur des faits, en apportant à leur examen un esprit judicieux et versé dans la science de l'entendement. L'appréciation de l'état moral de notre sauvage est plus difficile qu'on ne pense. L'expérience journalière et toutes les idées reçues sont là pour égarer le jugement. *Si l'habitude où nous sommes*, dit Condillac dans un cas assez analogue, *de nous aider des signes, nous permettait de remarquer tout ce que nous leur devons, nous n'aurions qu'à nous mettre à la place de ce jeune homme pour comprendre combien il pouvait acquérir peu de connaissances ; mais nous jugeons toujours d'après notre situation*. Il faut encore, pour juger sainement en cette circonstance, ne pas tenir l'enfant pour vu après un seul examen, mais l'observer et l'étudier à diverses reprises dans tous les moments de la journée, dans chacun de ses plaisirs, au milieu de ses petits exercices etc. ; toutes ces conditions sont de rigueur. Elles ne suffisent même pas si, pour établir une exacte comparaison entre le présent et le passé, l'on n'a vu de ses yeux le *Sauvage de l'Aveyron* dans les premiers mois de son séjour à Paris. Ceux qui ne l'ont point observé à cette époque et qui le verraient actuellement ne trouveraient en lui qu'un enfant *presque ordinaire*, qui ne parle point ; ils ne pourraient moralement apprécier la distance qui sépare ce sujet *presque ordinaire* du *Sauvage de l'Aveyron* nouvellement entré dans la société ; distance en apparence bien légère, mais véritablement immense, lorsqu'on l'approfondit, et qu'on calcule à travers quelle série de raisonnements nouveaux et d'idées acquises, il a dû parvenir à ces derniers résultats.

(2) Je ne doute point que si l'on isolait, dès le premier âge, deux enfants l'un mâle, l'autre femelle et que l'on en fît autant de deux quadrupèdes choisis dans

et de barbarie, qu'on a sans fondement revêtu des couleurs les plus séduisantes; état dans lequel l'individu, privé des facultés caractéristiques de son espèce, traîne misérablement, sans intelligence, comme sans affections, une vie précaire et réduite aux seules fonctions de l'animalité.

2) Que cette supériorité morale, que l'on dit être naturelle à l'homme, n'est que le résultat de la civilisation qui l'élève au-dessus des autres animaux par un grand et puissant mobile. Ce mobile est la sensibilité prédominante de son espèce; propriété essentielle d'où découlent les facultés imitatives, et cette tendance continuelle qui le force à chercher dans de nouveaux besoins de nouvelles sensations.

3) Que cette force imitative destinée à l'éducation de ses organes, et surtout à l'apprentissage de la parole, très énergique et très active dans les premières années de la vie, s'affaiblit rapidement par les progrès de l'âge, l'isolement et toutes les causes qui tendent à émousser la sensibilité nerveuse; d'où il résulte que l'articulation des sons qui est sans contredit de tous les effets de l'imitation le résultat le plus inconcevable et le plus utile, doit éprouver des obstacles sans nombre, dans un âge qui n'est plus celui de la première enfance.

4) Qu'il existe chez le sauvage le plus isolé, comme chez le citadin élevé au plus haut point de la civilisation, un rapport constant entre leurs idées et leurs besoins; que la multiplicité toujours croissante de ceux-ci chez les peuples policés, doit être considérée comme un grand moyen de développement de l'esprit humain : de

l'espèce la moins intelligente, ces derniers ne se montrassent de beaucoup supérieurs aux premiers dans les moyens de pourvoir à leurs besoins, et de veiller soit à leur propre conservation, soit à celle de leurs petits.

sorte qu'on peut établir comme proposition générale, que toutes les causes accidentelles, locales ou politiques, qui tendent à augmenter ou à diminuer le nombre de nos besoins, contribuent nécessairement à étendre ou à rétrécir la sphère de nos connaissances et le domaine de la science, des beaux-arts et de l'industrie sociale.

5) Que dans l'état actuel de nos connaissances physiologiques, la marche de l'enseignement peut et doit s'éclairer des lumières de la médecine moderne, qui de toutes les sciences naturelles, peut coopérer le plus puissamment au perfectionnement de l'espèce humaine, en appréciant les anomalies organiques et intellectuelles de chaque individu, et déterminant par là ce que l'éducation doit faire pour lui, ce que la société peut en attendre.

Il est encore quelques considérations non moins importantes, que je me proposais d'associer à ces premières données ; mais les développements qu'elles eussent exigés auraient outrepassé les bornes et le dessein de cet opuscule. Je me suis d'ailleurs aperçu, en comparant mes observations avec la doctrine de quelques-uns de nos métaphysiciens, que je me trouvais, sur certains points intéressants, en désaccord avec eux.

Je dois attendre, en conséquence, des faits plus nombreux, et par là même plus concluants. Un motif à peu près analogue ne m'a pas permis, en parlant de tous les développements du jeune *Victor,* de m'appesantir sur l'époque de sa puberté, qui s'est prononcée depuis quelques décades d'une manière presque explosive, et dont les premiers phénomènes jettent beaucoup de doute sur l'origine de certaines affections du cœur, que nous regardons comme très *naturelles.* J'ai dû, de même ici, ne pas me presser de juger et de conclure ; persuadé qu'on ne peut trop laisser mûrir par le temps, et confirmer par des observations ultérieures, toutes considérations qui tendent à détruire des préjugés, peut-être respectables, et les plus douces comme les plus consolantes illusions de la vie sociale.

RAPPORT SUR LES NOUVEAUX
DÉVELOPPEMENTS
DE VICTOR DE L'AVEYRON
(1806 ; imprimé en 1807)

AVANT-PROPOS

A Son Excellence le Ministre de l'Intérieur

Monseigneur,

Vous parler du *Sauvage de l'Aveyron,* c'est reproduire un nom qui n'inspire plus maintenant aucune espèce d'intérêt ; c'est rappeler un être oublié par ceux qui n'ont fait que le voir, et dédaigné par ceux qui ont cru le juger. Pour moi, qui me suis borné jusqu'à présent à l'observer et à lui prodiguer mes soins, fort indifférent à l'oubli des uns et au dédain des autres ; étayé sur cinq années d'observations journalières, je viens faire à votre Excellence le rapport qu'elle attend de moi, lui raconter ce que j'ai vu et ce que j'ai fait ; exposer l'état actuel de ce jeune homme, les voies longues et difficiles par lesquelles il y a été conduit, et les obstacles qu'il a franchis, comme ceux qu'il n'a pu surmonter. Si tous ces détails, Monseigneur, vous paraissaient peu dignes de votre attention, et bien au-dessus de l'idée avantageuse que vous en aviez conçue, votre Excellence voudrait bien, pour mon excuse, être intimement persuadée que, sans l'ordre formel que j'ai reçu d'elle, j'eusse enveloppé d'un profond silence, et condamné à un éternel oubli, des travaux dont le résultat offre bien moins l'histoire des progrès de l'élève que celle des non-succès de l'instituteur. Mais en me jugeant aussi moi-même avec impartialité, je crois néanmoins qu'abstraction faite du but auquel je visais, dans la tâche que je me suis volontairement imposée, et considérant cette entreprise sous un point de vue plus général, vous ne verrez pas sans quelque satisfaction, Monseigneur, dans les diverses expériences que j'ai tentées, dans les nombreuses observations que j'ai recueillies une collection de faits propres à éclairer l'histoire de la philosophie médicale, l'étude de l'homme incivilisé, et la direction de certaines éducations privées.

Pour apprécier l'état actuel du jeune *Sauvage de l'Aveyron,* il serait nécessaire de rappeler son état passé. Ce jeune homme, pour être jugé sainement, ne doit être comparé qu'à lui-même.

Rapproché d'un adolescent du même âge, il n'est plus qu'un être disgracié, rebut de la nature, comme il le fut de la société. Mais si l'on se borne aux deux termes de comparaison qu'offrent l'état passé et l'état présent du jeune Victor, on est étonné de l'espace immense qui les sépare ; et l'on peut mettre en question, si Victor ne diffère pas plus du *Sauvage de l'Aveyron,* arrivant à Paris, qu'il ne diffère des autres individus de son âge et de son espèce.

Je ne vous retracerai pas, Monseigneur, le tableau hideux de cet homme-animal, tel qu'il était au sortir de ses forêts. Dans un opuscule que j'ai fait imprimer il y a quelques années, et dont j'ai l'honneur de vous offrir un exemplaire, j'ai dépeint cet être extraordinaire, d'après les traits mêmes que je puisai dans un rapport fait par un médecin célèbre à une société savante. Je rappellerai seulement ici que la commission dont ce médecin fut le rapporteur, après un long examen et des tentatives nombreuses, ne put parvenir à fixer un moment l'attention de cet enfant, et chercha en vain à démêler, dans ses actions et ses déterminations, quelque acte d'intelligence, ou quelque témoignage de sensibilité. Étranger à cette opération réfléchie qui est la première source de nos idées, il ne donnait de l'attention à aucun objet, parce qu'aucun objet ne faisait sur ses sens nulle impression durable. Ses yeux voyaient et ne regardaient point ; ses oreilles entendaient et n'écoutaient jamais ; et l'organe du toucher, restreint à l'opération mécanique de la préhension des corps, n'avait jamais été employé à en constater les formes et l'existence. Tel était enfin l'état des facultés physiques et morales de cet enfant, qu'il se trouvait placé non seulement au dernier rang de son espèce, mais encore au dernier échelon des animaux, et qu'on peut dire en quelque sorte qu'il ne différait d'une plante, qu'en ce qu'il avait de plus qu'elle, la faculté de se mouvoir et de crier. Entre cette existence moins qu'animale et l'état actuel du jeune Victor, il y a une différence prodigieuse, et qui paraîtrait bien plus tranchée si, supprimant tout intermédiaire, je me bornais à rapprocher vivement les deux termes de la comparaison. Mais persuadé qu'il s'agit bien moins de faire contraster ce tableau que de le rendre et fidèle et complet, j'apporterai tous mes soins à exposer succinctement les changements survenus dans l'état du jeune sauvage ; et pour mettre plus d'ordre et d'intérêt dans l'énumération des faits, je les rapporterai en trois séries distinctes, relatives au triple développement des fonctions des sens, des fonctions intellectuelles et des facultés affectives.

DÉVELOPPEMENT
DES FONCTIONS DES SENS

I. — On doit aux travaux de Locke et de Condillac, d'avoir apprécié l'influence puissante qu'a sur la formation et le développement de nos idées, l'action isolée et simultanée de nos sens. L'abus qu'on a fait de cette découverte n'en détruit ni la vérité ni les applications pratiques qu'on peut en faire à un système d'éducation médicale. C'est d'après ces principes que, lorsque j'eus rempli les vues principales que je m'étais d'abord proposées, et que j'ai exposées dans mon premier ouvrage, je mis tous mes soins à exercer et à développer séparément les organes des sens du jeune Victor.

II. — Comme de tous nos sens l'ouïe est celui qui concourt le plus particulièrement au développement de nos facultés intellectuelles, je mis en jeu toutes les ressources imaginables pour tirer de leur long engourdissement les oreilles de notre sauvage. Je me persuadai que pour faire l'éducation de ce sens, il fallait en quelque sorte l'isoler, et que n'ayant à ma disposition, dans tout le système de son organisation, qu'une dose modique de sensibilité, je devais la concentrer sur le sens que je voulais mettre en jeu, en paralysant artificiellement celui de la vue par lequel se dépense la plus grande partie de cette sensibilité. En conséquence, je couvris d'un bandeau épais les yeux de Victor, et je fis retentir à ses oreilles les sons les plus forts et les plus dissemblables. Mon dessein n'était pas seulement de les lui faire entendre, mais encore de les lui faire écouter. Afin d'obtenir ce résultat, dès que j'avais rendu un son, j'engageais Victor à en produire un pareil, en faisant retentir le même corps sonore, et à frapper sur un autre dès que son oreille l'avertissait que je venais de changer d'instrument. Mes premiers essais eurent pour but de lui faire distinguer le son d'une cloche et celui d'un tambour, et de même qu'un an auparavant j'avais conduit Victor de la grossière comparaison de deux morceaux de carton, diversement colorés et figurés, à la distinction des lettres et des mots, j'avais tout lieu de croire que l'oreille, suivant la même progression d'attention que le sens de la vue, en viendrait bientôt à distinguer les sons les plus analogues, et les plus différents tons de l'organe vocal, ou la parole. Je m'attachai en conséquence à rendre les sons progressivement moins disparates, plus compliqués et plus rapprochés. Bientôt je ne me contentai pas d'exiger qu'il distinguât le son d'un tambour et celui d'une cloche, mais encore la différence de son que produisait le choc de la baguette, frappant ou sur la peau ou sur le cercle, ou sur le corps du tambour, sur le timbre d'une pendule, ou sur une pelle à feu très sonore.

III. — J'adoptai ensuite cette méthode comparative à la perception des sons d'un instrument à vent, qui plus analogues à ceux de la voix, formaient le dernier degré de l'échelle, au moyen de laquelle j'espérais conduire mon élève à l'audition des différentes intonations du larynx. Le succès répondit à mon attente ; et dès que je vins à frapper l'oreille de notre sauvage du son de ma voix, je trouvai l'ouïe sensible aux intonations les plus faibles.

IV. — Dans ces dernières expériences, je ne devais point exiger, comme dans les précédentes, que l'élève répétât les sons qu'il percevait. Ce double travail, en partageant son attention, eût été hors du plan que je m'étais proposé, qui était de faire séparément l'éducation de chacun de ses organes. Je me bornai donc à exiger la simple perception des sons. Pour être sûr de ce résultat, je plaçais mon élève vis-à-vis de moi, les yeux bandés, les poings fermés et je lui faisais étendre un doigt toutes les fois que je rendais un son. Ce moyen d'épreuve fut bientôt compris : à peine le son avait-il frappé l'oreille, que le doigt était levé avec une sorte d'impétuosité, et souvent même avec des démonstrations de joie, qui ne permettaient pas de douter du goût que l'élève prenait à ces bizarres leçons. En effet, soit qu'il trouvât un véritable plaisir à entendre le son de la voix humaine, soit qu'il eût enfin surmonté l'ennui d'être privé de la lumière pendant des heures entières, plus d'une fois je l'ai vu, dans l'intervalle de ces sortes d'exercices, venir à moi, son bandeau à la main, se l'appliquer sur les yeux et trépigner de joie lorsqu'il sentait mes mains le lui nouer fortement derrière la tête. Ce ne fut que dans ces dernières expériences que se manifestèrent ces témoignages de contentement. Je m'en applaudis d'abord ; et loin de les réprimer, je les excitais même, sans penser que je me préparais là à un obstacle qui allait bientôt interrompre la série de ces expériences utiles, et annuler des résultats si péniblement obtenus.

196

V. — Après m'être bien assuré, par le mode d'expérience que je viens d'indiquer, que tous les sons de la voix, quel que fût leur degré d'intensité, étaient perçus par Victor, je m'attachai à les lui faire comparer. Il ne s'agissait plus, ici, de compter simplement les sons de la voix, mais d'en saisir les différences, et d'apprécier toutes ces modifications et variétés de tons, dont se compose la musique de la parole. Entre ce travail et le précédent, il y avait une distance prodigieuse, pour un être dont le développement tenait à des efforts gradués, et qui ne marchait vers la civilisation que parce que je l'y conduisais par une route insensible. En abordant la difficulté qui se présentait ici, je m'armai plus que jamais de patience et de douceur encouragé d'ailleurs par l'espoir qu'une fois cet obstacle franchi, tout était fait pour le sens de l'ouïe. Nous débutâmes par la comparaison des voyelles, et nous fîmes encore servir la main à nous assurer du résultat de nos expériences. Chacun des cinq doigts fut désigné pour être le signe d'une de ces cinq voyelles et à en constater la perception distincte. Ainsi le pouce représentait l'A, et devait se lever dans la prononciation de cette voyelle ; l'index était le signe de l'E, le doigt du milieu celui de l'I, et ainsi de suite.

VI. — Ce ne fut pas sans peine et sans beaucoup de longueurs que je parvins à lui donner l'idée distincte des voyelles. La première qu'il distingua nettement fut l'O, ce fut ensuite la voyelle A. Les trois autres offrirent plus de difficultés, et furent pendant longtemps confondues entre elles ; à la fin cependant l'oreille commença à les percevoir distinctement, c'est alors que reparurent, dans toute leur vivacité, ces

197

démonstrations de joie dont j'ai déjà parlé, et qu'avaient momentanément interrompues nos nouvelles expériences. Mais comme celles-ci exigeaient de la part de l'élève une attention bien plus soutenue, des comparaisons délicates, des jugements répétés, il arriva que ces accès de joie, qui jusqu'alors n'avaient fait qu'égayer nos leçons, vinrent à la fin les troubler. Dans ces moments, tous les sons étaient confondus, et les doigts indistinctement levés, souvent même tous à la fois, avec une impétuosité désordonnée et des éclats de rire vraiment impatientants. Pour réprimer cette gaieté importune, j'essayai de rendre l'usage de la vue à mon trop joyeux élève, et de poursuivre ainsi nos expériences, en l'intimidant par une figure sévère et même un peu menaçante. Dès lors plus de joie, mais en même temps distractions continuelles du sens de l'ouïe, en raison de l'occupation que fournissaient à celui de la vue tous les objets qui l'entouraient. Le moindre dérangement dans la disposition des meubles ou dans ses vêtements, le plus léger mouvement des personnes qui étaient autour de lui, un changement un peu brusque dans la lumière solaire, tout attirait ses regards, tout était, pour lui, le motif d'un déplacement.

Je reportai le bandeau sur les yeux et les éclats de rire recommencèrent. Je m'attachai alors à l'intimider par mes manières, puisque je ne pouvais pas le contenir par mes regards. Je m'armai d'une des baguettes de tambour qui servait à nos expériences, et lui en donnai de petits coups sur les doigts lorsqu'il se trompa. Il prit cette correction pour une plaisanterie, et sa joie n'en fut que plus bruyante. Je crus devoir, pour le détromper, rendre la correction un peu plus sensible. Je fus compris, et ce ne fut pas sans un mélange de peine et de plaisir que je vis dans la physionomie assombrie de ce jeune homme combien le sentiment de l'injure l'emportait sur la douleur du coup. Des pleurs sortirent de dessous son bandeau ; je me hâtai de l'enlever ; mais, soit embarras ou crainte, soit préoccupation profonde des sens intérieurs, quoique débarrassé de ce bandeau, il persista à tenir les yeux fermés. Je ne puis rendre l'expression douloureuse que donnaient à sa physionomie ses deux paupières ainsi rapprochées, à travers lesquelles s'échappaient de temps en temps quelques larmes. Oh ! combien dans ce moment, comme dans beaucoup d'autres, prêt à renoncer à la tâche que je m'étais imposée, et regardant comme perdu le temps que j'y donnais, ai-je regretté d'avoir connu cet enfant, et condamné hautement la stérile et inhumaine curiosité des hommes qui, les premiers, l'arrachèrent à une vie innocente et heureuse !

VII. — Cette scène mit fin à la bruyante gaieté de mon élève. Mais je n'eus pas lieu de m'applaudir de ce succès, et je n'avais paré à cet inconvénient que pour tomber dans un autre. Un sentiment de crainte prit la place de cette gaieté folle, et nos exercices en furent plus troublés encore. Lorsque j'avais émis un son, il me fallait attendre plus d'un quart d'heure le signal convenu ; et lors même qu'il était fait avec justesse, c'était avec lenteur, avec une incertitude telle que si, par hasard, je venais à faire le moindre bruit, ou le plus léger mouvement, Victor effarouché refermait subitement le doigt, dans la crainte de s'être mépris, et en levait un autre avec la même lenteur et la même circonspection. Je ne désespérais point encore, et je me flattai que le temps, beaucoup de douceur et des manières encourageantes pourraient dissiper cette fâcheuse et excessive timidité. Je l'espérai en vain, et tout fut inutile. Ainsi s'évanouirent les brillantes espérances fondées, avec quelque raison peut-être, sur une chaîne non interrompue d'expériences utiles autant qu'intéressantes. Plusieurs fois depuis ce temps-là et à des époques très éloignées, j'ai tenté les mêmes épreuves, et je me suis vu forcé d'y renoncer de nouveau, arrêté par le même obstacle.

VIII. — Néanmoins cette série d'expériences faites sur le sens de l'ouïe n'a pas été tout à fait inutile. Victor lui est redevable d'entendre distinctement quelques mots d'une seule syllabe et de distinguer surtout avec beaucoup de précision, parmi les différentes intonations du langage, celles qui sont l'expression du reproche, de la colère, de la tristesse, du mépris, de l'amitié ; alors même que ces divers mouvements de l'âme ne sont accompagnés d'aucun jeu de la physionomie, ni de ces pantomimes naturelles qui en constituent le caractère extérieur.

IX. — Affligé plutôt que découragé du peu de succès obtenu sur le sens de l'ouïe, je me déterminai à donner tous mes soins à celui de la vue. Mes premiers travaux l'avaient déjà beaucoup amélioré, et avaient tellement contribué à lui donner de la fixité et de l'attention, qu'à l'époque de mon premier rapport, mon élève était déjà parvenu à distinguer des lettres en métal et à les placer dans un ordre convenable pour en former quelques mots. De ce point-là à la perception distincte des signes écrits et au mécanisme de leur écriture, il y avait bien loin encore ; mais heureusement toutes ces difficultés passèrent sur le même plan ; aussi furent-elles facilement surmontées. Au bout de quelques mois, mon élève savait lire et écrire passablement une série de mots dont plusieurs différaient assez peu entre eux pour être distingués par un œil attentif. Mais cette lecture était toute intuitive ; Victor lisait les mots sans les prononcer, sans en connaître la signification. Pour peu que l'on fasse attention à ce mode de lecture, le seul qui fût praticable envers un être de cette nature, on ne manquera pas de me demander comment j'étais sûr que des mots non prononcés, et auxquels il n'attachait aucun sens étaient lus assez distinctement pour ne pas être confondus les uns avec les autres. Rien de si simple que le procédé que j'employais pour en avoir la certitude. Tous les mots soumis à la lecture étaient également écrits sur deux tableaux ; j'en prenais un et faisais tenir l'autre à Victor ; puis, parcourant successivement, avec le bout du doigt, tous les mots contenus dans celui des deux tableaux que j'avais entre mes mains, j'exigeais qu'il me montrât dans l'autre tableau le double de chaque mot que je lui désignais. J'avais eu soin de suivre un ordre tout à fait différent dans l'arrangement de ces mots, de telle sorte que la place que l'un d'eux occupait dans un tableau, ne donnât aucun indice de celle que son pareil tenait dans l'autre. De là, la nécessité d'étudier en quelque sorte la physionomie particulière de tous ces signes pour les reconnaître du premier coup d'œil.

X. — Lorsque l'élève, trompé par l'apparence d'un mot, le désignait à la place d'un autre, je lui faisais rectifier son erreur, sans la lui indiquer, mais seulement en l'engageant à épeler. Épeler était pour nous comparer intuitivement, et l'une après l'autre, toutes les lettres qui entrent dans la composition de deux mots. Cet examen véritablement analytique se faisait d'une manière très rapide ; je touchais, avec l'extrémité d'un poinçon, la première lettre de l'autre mot; nous passions de même à la seconde; et nous continuions ainsi jusqu'à ce que Victor, cherchant toujours à trouver dans son mot les lettres que je lui montrais dans le mien, parvînt à rencontrer celle qui commençait à établir la différence des deux mots.

XI. — Bientôt il ne fut plus nécessaire de recourir à un examen aussi détaillé pour lui faire rectifier ses méprises. Il me suffisait alors de fixer un instant ses yeux sur le mot qu'il prenait pour un autre, pour lui en faire sentir la différence; et je puis dire que l'erreur était réparée presque aussitôt qu'indiquée. Ainsi fut exercé et perfectionné ce sens important, dont l'insignifiante mobilité avait fait échouer les premières tentatives qu'on avait faites pour les fixer, et fait naître les premiers soupçons d'idiotisme.

XII. — Ayant ainsi terminé l'éducation du sens de la vue, je m'occupai de celle du toucher. Quoique éloigné de partager l'opinion de Buffon et de Condillac sur le rôle important qu'ils font jouer à ce sens, je ne regardais pas comme perdus les soins que je pouvais donner au toucher, ni sans intérêt les observations que pouvait me fournir le développement de ce sens. On a vu, dans mon premier mémoire, que cet organe, primitivement borné à la préhension mécanique des corps, avait dû à l'effet puissant des bains chauds le recouvrement de quelques-unes de ses facultés, celle entre autres de percevoir le froid et le chaud, le rude et le poli des corps. Mais si l'on fait attention à la nature de ces deux espèces de sensations, on verra qu'elles sont communes à la peau qui recouvre toutes nos parties. L'organe du toucher n'ayant fait que recevoir sa part de la sensibilité que j'avais réveillée dans tout le système cutané, ne percevait jusque-là que comme une portion de ce système, puisqu'il n'en différait par aucune fonction qui lui fût particulière.

XIII. — Mes premières expériences confirmèrent la justesse de cet aperçu. Je mis au fond d'un vase opaque, dont l'embouchure pouvait à peine permettre l'introduction du bras, des marrons cuits encore chauds, et des marrons de la même grosseur, à peu près, mais crus et froids. Une des mains de mon élève était dans le vase, et l'autre dehors, ouverte sur ses genoux. Je mis sur celle-ci un marron chaud, et demandai à Victor de m'en retirer un du fond du vase ; il me l'amena en effet. Je lui en présentai un froid ; celui qu'il retira de l'intérieur du vase le fut aussi. Je répétai plusieurs fois cette expérience, et toujours avec le même succès. Il n'en fut pas de même, lorsque au lieu de faire comparer à l'élève la température des corps, je voulus, par le même moyen d'exploration, le faire juger de leur configuration. Là commençaient les fonctions exclusives du tact, et ce sens était encore neuf. Je mis dans le vase des châtaignes et des glands, et lorsqu'en présentant l'un ou l'autre de ces fruits à Victor, je voulus exiger de lui qu'il m'en amenât un pareil du fond du vase, ce fut un gland pour une châtaigne ou une châtaigne pour un gland. Il fallait donc mettre ce sens, comme tous les autres, dans l'exercice de ses fonctions, et y procéder dans le même ordre. A cet effet, je l'exerçai à comparer des corps très disparates entre eux, non seulement par leur forme, mais encore par leur volume, comme une pierre et un marron, un sou et une clef. Ce ne fut pas sans peine que je réussis à faire distinguer ces objets par le tact. Dès qu'ils cessèrent

203

d'être confondus, je les remplaçai par d'autres moins dissemblables, comme une pomme, une noix et de petits cailloux. Je soumis ensuite à cet examen manuel les marrons et les glands, et cette comparaison ne fut plus qu'un jeu pour l'élève. J'en vins au point de lui faire distinguer, de la même manière, les lettres en métal, les plus analogues par formes, telles que le B et l'R, l'I et le J, le C et le G.

XIV. — Cette espèce d'exercice dont je ne m'étais pas promis, ainsi que je l'ai déjà dit, beaucoup de succès, ne contribua pas peu néanmoins à augmenter la susceptibilité d'attention de notre élève ; j'ai eu l'occasion dans la suite de voir sa faible intelligence aux prises avec des difficultés bien plus embarrassantes, et jamais je ne l'ai vu prendre cet air sérieux, calme et méditatif, qui se répandait sur tous les traits de sa physionomie, lorsqu'il s'agissait de décider de la différence de forme des corps soumis à l'examen du toucher.

XV. — Restait à m'occuper des sens du goût et de l'odorat. Ce dernier était d'une délicatesse qui le mettait au-dessus de tout perfectionnement. On sait que longtemps après son entrée dans la société, ce jeune sauvage conservait encore l'habitude de flairer tout ce qu'on lui présentait, et même les corps que nous regardons comme inodores. Dans la promenade à la campagne que je faisais souvent avec lui, pendant les premiers mois de son séjour à Paris, je l'ai vu maintes fois s'arrêter, se détourner même, pour ramasser des cailloux, des morceaux de bois desséchés, qu'il ne rejetait qu'après les avoir portés à son nez, et souvent avec le témoignage d'une très grande satisfaction. Un soir qu'il s'était égaré dans la rue d'Enfer et qu'il ne fut retrouvé qu'à la tombée de la nuit par sa gouvernante, ce ne fut qu'après lui avoir flairé les mains et les bras par deux ou trois reprises, qu'il se décida à la suivre, et qu'il laissa éclater la joie qu'il éprouvait de l'avoir retrouvée. La civilisation ne pouvait donc rien ajouter à la délicatesse de l'odorat. Beaucoup plus lié d'ailleurs à l'exercice des fonctions digestives qu'au développement des facultés intellectuelles, il se trouvait pour cette raison hors de mon plan d'instruction. — Il semble que, rattaché en général aux mêmes usages, le sens du goût, comme celui de l'odorat, devait être également étranger à mon but. Je ne le pensais point ainsi considérant le sens du goût, non sous le point de vue des fonctions très limitées que lui a assignées la nature, mais sous le rapport des jouissances aussi variées que nombreuses dont la civilisation l'a rendu l'organe, il dut me paraître avantageux de le développer, ou plutôt de le pervertir. Je crois inutile d'énumérer ici tous les expédients auxquels j'eus recours pour atteindre à ce but, et au moyen desquels je parvins, en très peu de temps, à éveiller le goût de notre sauvage pour une foule de mets qu'il avait jusqu'alors constamment dédaignés. Néanmoins au milieu des nouvelles acquisitions de ce sens, Victor ne témoigna aucune de ces préférences avides qui constituent la gourmandise. Bien différent de ces hommes qu'on a nommés sauvages, et qui dans un demi-degré de civilisation présentent tous les vices des grandes sociétés, sans en offrir les avantages, Victor, en s'habituant à de nouveaux mets, est resté indifférent à la boisson des liqueurs fortes, et cette indifférence s'est changée en aversion, à la suite d'une méprise dont l'effet et les circonstances méritent peut-être d'être rapportés. Victor dînait avec moi en ville. A la fin du repas, il prit de son propre mouvement une carafe qui contenait une liqueur des plus fortes, mais qui, n'ayant ni couleur ni odeur, ressemblait parfaitement à de l'eau. Notre sauvage la prit pour elle et s'en versa un demi-verre, et pressé sans doute par la soif, en avala brusquement près de la moitié, avant que l'ardeur produite dans l'estomac par ce liquide l'avertît de la méprise. Mais, rejetant tout à coup le verre et la liqueur, il se lève furieux, ne fait qu'un saut de sa place à la porte de la chambre, et se met à hurler et à courir dans les corridors et l'escalier de la maison, revenant sans cesse sur ses pas, pour recommencer le même circuit ; semblable à un animal profondément blessé, qui cherche dans la rapidité de sa course, non pas comme le disent les poètes, à fuir le trait qui le déchire, mais à distraire, par de grands mouvements, une douleur, au soulagement de laquelle il ne peut appeler, comme l'homme, une main bienfaisante.

XVI. — Cependant malgré son aversion pour les liqueurs, Victor a pris quelque goût pour le vin, sans qu'il paraisse néanmoins en sentir vivement la privation quand on ne lui en donne pas. Je crois même qu'il a toujours conservé pour l'eau une préférence marquée. La manière dont il la boit semble annoncer qu'il y trouve un plaisir des plus vifs, mais qui tient sans doute à quelque autre cause qu'aux jouissances de l'organe du goût. Presque toujours à la fin de son dîner, alors même qu'il n'est plus pressé par la soif, on le voit avec l'air d'un gourmet qui apprête son verre pour une liqueur exquise, remplir le sien d'eau pure, la prendre par gorgée et l'avaler goutte à goutte. Mais ce qui ajoute beaucoup d'intérêt à cette scène, c'est le lieu où elle se passe. C'est près de la fenêtre, debout, les yeux tournés vers la campagne, que vient se placer notre buveur comme si dans ce moment de délectation cet enfant de la nature cherchait à réunir les deux uniques biens qui aient survécu à la perte de sa liberté, la boisson d'une eau limpide et la vue du soleil et de la campagne.

XVII. — Ainsi s'opéra le perfectionnement des sens. Tous, à l'exception de celui de l'ouïe, sortant de leur longue habitude, s'ouvrirent à des perceptions nouvelles, et portèrent dans l'âme du jeune sauvage une foule d'idées jusqu'alors inconnues. Mais ces idées ne laissaient dans son cerveau qu'une trace fugitive ; pour les y fixer, il fallait y graver leurs signes respectifs ou, pour mieux dire, la valeur de ces signes. Victor les connaissait déjà, parce que j'avais fait marcher de front la perception des objets et de leurs qualités sensibles avec la lecture des mots qui les représentaient, sans chercher néanmoins à en déterminer le sens. Victor, instruit à distinguer par le toucher un corps rond d'avec un corps aplati ; par les yeux du papier rouge d'avec du papier blanc ; par le goût, une liqueur acide d'une liqueur douce, avait en même temps appris à distinguer les uns des autres, les noms qui expriment ces différentes perceptions, mais sans connaître la valeur représentative de ces signes. Cette connaissance n'étant plus du domaine des sens externes, il fallait recourir aux facultés de l'esprit, et lui demander compte, si je puis m'exprimer ainsi, des idées que lui avaient fournies ces sens. C'est ce qui devint l'objet d'une nouvelle branche d'expériences qui sont la matière de la série suivante.

DÉVELOPPEMENT
DES FONCTIONS INTELLECTUELLES

XVIII. — Quoique présentés à part, les faits dont se compose la série que nous venons de parcourir, se lient, sous beaucoup de rapports, à ceux qui vont faire la matière de celle-ci. Car telle est, Monseigneur, la connexion intime qui unit l'homme physique à l'homme intellectuel que, quoique leurs domaines respectifs paraissent et soient en effet très distincts, tout se confond dans les limites par lesquelles s'entre-touchent ces deux ordres de fonctions. Leur développement est simultané, et leur influence réciproque. Ainsi pendant que je bornais mes efforts à mettre en exercice les sens de notre sauvage, l'esprit prenait sa part des soins exclusivement donnés à l'éducation de ses organes, et suivait le même ordre de développement. On conçoit en effet qu'en instruisant les sens à percevoir et à distinguer de nouveaux objets, je forçais l'attention à s'y arrêter, le jugement à les comparer, et la mémoire à les retenir. Ainsi rien n'était indifférent dans ces exercices ; tout allait à l'esprit ; tout mettait en jeu les facultés de l'intelligence et les préparait au grand œuvre de la communication des idées. Déjà je m'étais assuré qu'elle était possible, en obtenant de l'élève qu'il désignât l'objet de ses besoins au moyen de lettres arrangées de manière à donner le mot de la chose qu'il désirait. J'ai rendu compte, dans mon opuscule sur cet enfant, de ce premier pas fait dans la connaissance des signes écrits ; et je n'ai pas craint de le signaler comme une époque importante de son éducation, comme le succès le plus doux et le plus brillant qu'on ait jamais obtenu sur un être tombé, comme celui-ci, dans le dernier degré de l'abrutissement. Mais des observations subséquentes, en m'éclairant sur la nature de ce résultat, vinrent bientôt affaiblir les espérances que j'en avais conçues. Je remarquai que Victor au lieu de reproduire certains mots avec lesquels je l'avais familiarisé, pour demander les objets qu'ils exprimaient et manifester le désir ou le besoin qu'il en éprouvait, n'y avait recours que dans certains moments, et toujours à la vue de l'objet désiré. Ainsi, par exemple, quelque vif que fût son goût pour le lait, ce n'était qu'au moment où il avait coutume d'en prendre, et à l'instant même où il voyait qu'on allait lui en présenter, que le mot de cet aliment préféré était émis, ou plutôt formé selon la manière convenable. Pour éclairer le soupçon que m'inspira cette sorte de réserve, j'essayai de retarder l'heure de son déjeuner et ce fut en vain que j'attendais de l'élève la manifestation écrite de ses besoins quoique devenus plus urgents. Ce ne fut que lorsque la tasse parut que le mot *lait* fut formé. J'eus recours à une autre épreuve : au milieu de son déjeuner, et sans donner à ce procédé aucune apparence de châtiment, j'enlevai la tasse qui contenait le lait, et l'enfermai dans une armoire. Si le mot *lait* eût été pour Victor le signe distinct de la chose et l'expression du besoin qu'il en avait, nul doute qu'après cette privation subite, le besoin continuant à se faire sentir, le mot *lait* n'eût été

209

de suite reproduit. Il ne le fut point ; et j'en conclus que la formation de ce signe, au lieu d'être pour l'élève l'expression de ses besoins, n'était qu'une sorte d'exercice préliminaire, dont il faisait machinalement précéder la satisfaction de ses appétits. Il fallait donc revenir sur nos pas et travailler sur de nouveaux frais. Je m'y résignai courageusement, persuadé que si je n'avais pas été compris par mon élève, la faute en était à moi plutôt qu'à lui. En réfléchissant, en effet, sur les causes qui pouvaient donner lieu à cette acception défectueuse des signes écrits, je reconnus n'avoir pas apporté, dans ces premiers exemples de l'énonciation des idées, l'extrême simplicité que j'avais mise dans le début de mes autres moyens d'instruction, et qui en avait assuré le succès. Ainsi quoique le mot *lait* ne soit pour nous qu'un signe simple, il pouvait être pour Victor l'expression confuse de ce liquide alimentaire, du vase qui le contenait, et du désir dont il était l'objet.

XIX. — Plusieurs autres signes avec lesquels je l'avais familiarisé présentaient, quant à leur application, le même défaut de précision. Un vice encore plus notable, tenait à notre procédé d'énonciation. Elle se faisait, comme je l'ai déjà dit, en disposant sur une même ligne et dans un ordre convenable, des lettres métalliques, de manière à donner le nom de chaque objet. Mais ce rapport qui existait entre la chose et le mot n'était point assez immédiat pour être complètement saisi par l'élève. Il fallait, pour faire disparaître cette difficulté, établir entre chaque objet et son signe une liaison plus directe et une sorte d'identité qui les fixât simultanément dans la mémoire ; il fallait encore que les objets admis les premiers à cette nouvelle méthode d'énonciation, fussent réduits à leur plus grande simplicité, afin que leurs signes ne puissent porter, en aucune manière, sur leurs accessoires. En conséquence de ce plan, je disposai sur les tablettes d'une bibliothèque, plusieurs objets simples, tels qu'une plume, une clef, un couteau, une boîte etc. placés immédiatement sur une carte où étaient tracés leurs noms. Ces noms n'étaient pas nouveaux pour l'élève ; il les connaissait déjà, et avait appris à les distinguer les uns des autres, d'après le mode de lecture que j'ai indiqué plus haut.

XX. — Il ne s'agissait donc plus que de familiariser ses yeux avec l'apposition respective de chacun de ces noms au-dessous de l'objet qu'il représentait. Cette disposition fut bientôt saisie ; et j'en eus la preuve lorsque déplaçant tous ces objets, et replaçant d'abord les étiquettes dans un autre ordre, je vis l'élève remettre soigneusement chaque chose sur son nom. Je diversifiai mes épreuves ; et cette diversité me donna lieu de faire plusieurs observations relatives au degré d'impression que faisait, sur le sensorium de notre sauvage, l'image de ses signes écrits. Ainsi, lorsque laissant tous ces objets dans l'un des coins de la chambre et emportant dans un autre toutes les éti-quettes, je voulais, en les montrant successivement à Victor, l'engager à m'aller quérir chaque objet dont je lui montrais le mot écrit, il fallait pour qu'il pût m'apporter la chose qu'il ne perdît pas de vue, un seul instant, les caractères qui servaient à la désigner. S'il s'éloignait assez pour ne plus être à portée de lire l'étiquette ; si, après la lui avoir bien montrée, je la couvrais de ma main, aussitôt l'image du mot échappait à l'élève qui, prenant un air d'inquiétude et d'anxiété, saisissait au hasard le premier objet qui lui tombait sous la main.

XXI. — Le résultat de cette expérience était peu encourageant, et m'eût en effet complètement découragé si je ne me fusse aperçu, en la répétant fréquemment, que la durée de l'impression devenait insensiblement beaucoup moins courte dans le cerveau de mon élève. Bientôt il ne fallut plus que jeter rapidement les yeux sur le mot que je lui désignais pour aller, sans hâte comme sans méprise, me chercher l'objet demandé. Au bout de quelque temps, je pus faire l'expérience plus en grand, en l'envoyant de mon appartement dans sa chambre, pour y chercher de même un objet quelconque dont je lui montrais le nom. La durée de la perception se trouve d'abord beaucoup plus courte que la durée du trajet ; mais Victor, par un acte d'intelligence bien digne de remarque, chercha et trouva dans l'agilité de ses jambes un moyen sûr de rendre la durée de l'impression plus longue que celle de la course. Dès qu'il avait bien lu, il partait comme un trait ; et je le voyais revenir un instant après, tenant à la main l'objet demandé. Plus d'une fois cependant, le souvenir du mot lui échappait en chemin ; je l'entendais alors s'arrêter dans sa course et reprendre le chemin de mon appartement où il arrivait d'un air timide et confus. Quelquefois il lui suffisait de jeter les yeux sur la collection entière des noms, pour reconnaître et retenir celui qui lui était échappé : d'autres fois, l'image du nom s'était tellement effacée de sa mémoire qu'il fallait que je le lui montrasse de nouveau : ce qu'il exigeait de moi, en prenant ma main et me faisant promener mon doigt indicateur sur toute cette série de noms jusqu'à ce que je lui eusse désigné celui qu'il avait oublié.

212

XXII. — Cet exercice fut suivi d'un autre qui, offrant plus de travail à la mémoire, contribua plus puissamment à la développer. Jusque-là je m'étais borné à demander un seul objet à la fois ; j'en demandai d'abord deux, puis trois, et puis ensuite quatre, en désignant un pareil nombre de signes à l'élève qui, sentant la difficulté de les retenir tous, ne cessait de les parcourir avec une attention avide, jusqu'à ce que je les dérobasse tout à fait à ses yeux. Dès lors, plus de délai ni d'incertitude ; il prenait à la hâte le chemin de sa chambre, d'où il rapportait les objets demandés. Arrivé chez moi, son premier soin, avant de me les donner, était de reporter avec vivacité ses yeux sur la liste, de la confronter avec les objets dont il était porteur, et qu'il ne me remettait qu'après s'être assuré, par cette épreuve, qu'il n'y avait ni omission, ni méprise. Cette dernière expérience donna d'abord des résultats très variables ; mais à la fin les difficultés qu'elle présentait furent surmontées à leur tour. L'élève, alors sûr de sa mémoire, dédaignant l'avantage que lui donnait l'agilité de ses jambes, se livrait paisiblement à cet exercice, s'arrêtait souvent dans le corridor, mettait la tête à la fenêtre qui est à l'une des extrémités, saluait, de quelques cris aigus, le spectacle de la campagne qui se déploie de ce côté dans un magnifique lointain, reprenait le chemin de sa chambre, y faisait sa petite cargaison, renouvelait son hommage aux beautés toujours regrettées de la nature, et rentrait chez moi bien assuré de l'exactitude de son message.

XXIII. — C'est ainsi que, rétablie dans toute la latitude de ses fonctions, la mémoire parvint à retenir les signes de la pensée, tandis que, d'un autre côté, l'intelligence en saisissait toute la valeur. Telle fut du moins la conclusion que je crus devoir tirer des faits précédents, lorsque je vis Victor se servir à chaque instant, soit dans nos exercices, soit spontanément, des différents mots dont je lui avais appris le sens, nous demander les divers objets dont ils étaient la représentation, montrant ou donnant la chose lorsqu'on lui faisait lire le mot, ou indiquant le mot lorsqu'on lui présentait la chose. Qui pourrait croire que cette double épreuve ne fût pas plus que suffisante pour m'assurer qu'à la fin j'étais arrivé au point pour lequel il m'avait fallu retourner sur mes pas et faire un si grand détour ? Ce qui m'arriva à cette époque me fit croire, un moment, que j'en étais plus éloigné que jamais.

XXIV. — Un jour que j'avais amené Victor chez moi, et que je l'envoyais, comme de coutume, me quérir dans sa chambre plusieurs objets que je lui désignais sur son catalogue, je m'avisai de fermer ma porte à double tour, et de retirer la clef de la serrure, sans qu'il s'en aperçût. Cela fait, je revins dans mon cabinet, où il était, et déroulant son catalogue je lui demandais quelques-uns des objets dont les noms s'y trouvaient écrits, avec l'attention de n'en désigner aucun qui ne fût pareillement dans mon appartement. Il partit de suite ; mais ayant trouvé la porte fermée, et cherché vainement la clef de tous côtés, il vint auprès de moi, prit ma main et me conduisit jusqu'à la porte d'entrée, comme pour me faire voir qu'elle ne pouvait s'ouvrir. Je feignis d'en être surpris, de chercher la clef partout, et même de me donner beaucoup de mouvement pour ouvrir la porte de force ; enfin, renonçant à ces vaines tentatives, je ramenai Victor dans mon cabinet, et lui montrant de nouveau les mêmes mots je l'invitai, par signes, à voir autour de lui s'il ne se présenterait point de pareils objets. Les mots désignés étaient bâton, soufflet, brosse, verre, couteau. Tous ces objets se trouvaient placés isolément dans mon cabinet, mais de manière cependant à être facilement aperçus. Victor les vit et ne toucha à aucun. Je ne réussis pas mieux à les lui faire reconnaître en les rassemblant sur une table et ce fut inutilement que je les demandai l'un après l'autre, en lui montrant successivement les noms. Je pris un autre moyen : je découpai avec des ciseaux les noms des objets qui, convertis ainsi en de simples étiquettes, furent mis dans les mains de Victor ; et le ramenant par là aux premiers essais de ce procédé, je l'engageai à mettre sur chaque chose le nom qui servait à la désigner. Ce fut en vain ; et j'eus l'inexprimable déplaisir de voir mon élève méconnaître tous ces objets, ou plutôt les rapports qui les liaient à leurs signes et, avec un air stupéfait qui ne peut se décrire, promener ses regards insignifiants sur tous ces caractères, redevenus pour lui inintelligibles. Je me sentais défaillir d'impatience et de découragement.

J'allai m'asseoir à l'extrémité de la chambre, et considérant avec amertume cet être infortuné, que la bizarrerie de son sort réduirait à la triste alternative, ou d'être relégué, comme un véritable idiot, dans quelques-uns de nos hospices, ou d'acheter, par des peines inouïes, un peu d'instruction inutile encore à son bonheur. « Malheureux, lui dis-je comme s'il eût pu m'entendre, et avec un véritable serrement de cœur, puisque mes peines sont perdues et tes efforts infructueux, reprends, avec le chemin de tes forêts, le goût de la vie primitive ; ou si tes nouveaux besoins te mettent dans la dépendance de la société, expie le malheur de lui être inutile, et va mourir à Bicêtre, de misère et

215

d'ennui. » Si j'avais moins connu la portée de l'intelligence de mon élève, j'aurais pu croire que j'avais été pleinement compris ; car à peine avais-je achevé ces mots que je vis, comme cela arrive dans ses chagrins les plus vifs, sa poitrine se soulever avec bruit, ses yeux se fermer, et un ruisseau de larmes s'échapper à travers ses paupières rapprochées.

XXV. — J'avais souvent remarqué que de pareilles émotions, quand elles allaient jusqu'aux larmes, formaient une espèce de crise salutaire, qui développait subitement l'intelligence, et la rendait plus apte à surmonter, immédiatement après, telle difficulté qui avait paru insurmontable quelques instants auparavant. J'avais aussi observé que si, dans le fort de cette émotion, je quittais tout à coup le son des reproches pour y substituer des manières caressantes et quelques mots d'amitié et d'encouragement, j'obtenais alors un surcroît d'émotion, qui doublait l'effet que j'en attendais. L'occasion était favorable, et je me hâtai d'en profiter. Je me rapprochai de Victor ; je lui fis entendre des paroles affectueuses, que je prononçai dans des termes propres à lui en faire saisir le sens, et que j'accompagnai de témoignages d'amitié plus intelligibles encore. Ses pleurs redoublèrent, accompagnés de soupirs et de sanglots, tandis que redoublant moi-même de caresses, je portais l'émotion au plus haut point, et faisais, si je puis m'exprimer ainsi, frémir jusqu'à la dernière fibre sensible de l'homme moral. Quand tout cet excitement fut entièrement calmé, je replaçai les mêmes objets sous les yeux de Victor, et l'engageai à me les désigner l'un après l'autre, au fur et à mesure que je lui en montrai successivement les noms. Je commençai par lui demander le livre ; il le regarda d'abord assez longtemps, fit un mouvement pour y porter la main, en cherchant à surprendre dans mes yeux quelques signes d'approbation ou d'improbation, qui fixât ses incertitudes. Je me tins sur mes gardes et ma physionomie fut muette. Réduit donc à son propre jugement, il en conclut que ce n'était point là l'objet demandé, et ses yeux allèrent cherchant de tous côtés dans la chambre, ne s'arrêtant cependant que sur les livres qui étaient disséminés sur la table et la cheminée.

Cette espèce de revue fut pour moi un trait de lumière. J'ouvris de suite une armoire qui était pleine de livres et j'en tirai une douzaine, parmi lesquels j'eus l'attention d'en faire entrer un, qui ne pouvait qu'être exactement semblable à celui que Victor avait laissé dans sa chambre ; le voir, y porter brusquement la main, me le présenter d'un air radieux ne fut pour Victor que l'affaire d'un moment.

XXVI. — Je bornai là cette épreuve, le résultat suffisait pour me redonner des espérances que j'avais trop légèrement abandonnées, et pour m'éclairer sur la nature des difficultés qu'avait fait naître cette expérience. Il était évident que mon élève, loin d'avoir conçu une fausse idée de la valeur des signes, en faisait seulement une application trop rigoureuse. Il avait pris mes leçons à la lettre ; et de ce que je m'étais borné à lui donner la nomenclature des objets contenus dans sa chambre, il s'était persuadé que ces objets étaient les seuls auxquels elle fût applicable. Ainsi, tout livre qui n'était pas celui qu'il avait dans sa chambre n'était pas un livre pour Victor ; et pour qu'il pût se décider à lui donner le même nom, il fallait qu'une ressemblance parfaite établît entre l'un et l'autre une identité visible. Bien différent, dans l'application des mots, des enfants qui, commençant à parler, donnent aux noms individuels la valeur des noms génériques dans le sens restreint des noms individuels. D'où pouvait venir cette étrange différence ? Elle tenait, si je ne me trompe, à une sagacité d'observation visuelle, résultat nécessaire de l'éducation particulière donnée au sens de la vue. J'avais tellement exercé cet organe à saisir, par des comparaisons analytiques, les qualités apparentes des corps et leurs différences de dimension, de couleur, de conformation, qu'entre deux corps identiques il se trouvait toujours, pour des yeux ainsi exercés, quelques points de dissemblance qui faisaient croire à une différence essentielle. L'origine de l'erreur ainsi déterminée, il devenait facile d'y remédier ; c'était d'établir l'identité des objets, en démontrant à l'élève l'identité de leurs usages ou leurs propriétés ; c'était de lui faire voir quelles qualités communes valent le même nom à des choses en apparence différentes ; en un mot, il s'agissait de lui apprendre à considérer les objets non plus sous le rapport de leur différence, mais d'après leurs points de contact.

XXVII. — Cette nouvelle étude fut une espèce d'introduction à l'art des rapprochements. L'élève s'y livra d'abord avec si peu de réserve qu'il pensa s'égarer de nouveau, en attachant la même idée, et en donnant le même nom à des objets qui n'avaient d'autres rapports entre eux que l'analogie de leurs formes ou de leurs usages. C'est ainsi que sous le nom de livre il désigna indistinctement une main de papier, un cahier, un journal, un registre, une brochure ; que tout morceau de bois étroit et long fut appelé bâton, que tantôt il donnait le nom de brosse au balai et celui de balai à la brosse et que bientôt, si je n'avais réprimé cet abus des rapprochements, j'aurais vu Victor se borner à l'usage d'un petit nombre de signes, qu'il eût appliqués, sans distinction, à une foule d'objets tout à fait différents, et qui n'ont de commun entre eux que quelques-unes des qualités ou propriétés générales des corps.

XXVIII. — Au milieu de ces méprises, ou plutôt de ces oscillations d'une intelligence tendant sans cesse au repos, et sans cesse mue par des moyens artificiels, je crus voir se développer une de ces facultés caractéristiques de l'homme, et de l'homme pensant, la faculté d'inventer. En considérant les choses sous le point de vue de leur analogie ou de leurs qualités communes, Victor en conclut que, puisqu'il y avait entre divers objets ressemblance de formes il devait y avoir, dans quelques circonstances, identité d'usage et de fonctions. Sans doute la conséquence était un peu hasardée ; mais elle donnait lieu à des jugements qui, lors même qu'ils se trouvaient évidemment défectueux, devenaient pour lui autant de nouveaux moyens d'instruction. Je me souviens qu'un jour, où je lui demandai par écrit un couteau, il se contenta, après en avoir cherché un pendant quelque temps, de me présenter un rasoir qu'il alla quérir dans une chambre voisine. Je feignis de m'en accommoder ; et quand sa leçon fut finie, je lui donnai à goûter comme à l'ordinaire, et j'exigeai qu'il coupât son pain, au lieu de le diviser avec ses doigts, selon son usage. A cet effet, je lui tendis le rasoir qu'il m'avait donné sous le nom de couteau. Il se montra conséquent, et voulut en faire le même usage ; mais le peu de fixité de la lame l'en empêcha. Je ne crus pas la leçon complète ; je pris le rasoir et le fis servir, en la présence même de Victor, à son véritable usage. Dès lors cet instrument n'était plus et ne devait plus être à

219

ses yeux un couteau. Il me tardait de m'en assurer. Je repris son cahier, je montrai le mot couteau, et l'élève me montra de suite celui qu'il tenait dans sa main, et que je lui avais donné à l'instant où il n'avait pu se servir du rasoir. Pour que ce résultat fût complet, il me fallait faire la contre-épreuve ; il fallait que, mettant le cahier entre les mains de l'élève et touchant de mon côté le rasoir, Victor ne m'indiquât aucun mot, attendu qu'il ignorait encore celui de cet instrument : c'est aussi ce qui arriva.

XXIX. — D'autres fois, les remplacements dont il s'avisait supposaient des rapprochements comparatifs beaucoup plus bizarres. Je me rappelle que dînant un jour en ville et voulant recevoir une cuillerée de lentilles qu'on lui présentait, au moment où il n'y avait plus d'assiettes ni de plats sur la table, il s'avisa d'aller prendre sur la cheminée et d'avancer, ainsi qu'il l'eût fait d'une assiette, un petit dessin sous verre, de forme circulaire, entouré d'un cadre dont le rebord nu et saillant ne ressemblait pas mal à celui d'une assiette.

XXX. — Mais très souvent ses expédients étaient plus heureux, mieux trouvés, et méritaient à plus juste titre, le nom d'invention. Je ne crains pas de donner ce nom à la manière dont il se pourvut un jour d'un porte-crayon. Une seule fois, dans mon cabinet, je lui avais fait faire usage de cet instrument pour fixer un petit morceau de craie qu'il ne pouvait tenir du bout de ses doigts. Peu de jours après, la même difficulté se présenta ; mais Victor était dans sa chambre, et il n'avait pas là de porte-crayon pour tenir sa craie. Je le donne à l'homme le plus industrieux ou le plus inventif, de dire ou plutôt de faire ce qu'il fit pour s'en procurer

220

un. Il prit un ustensile de rôtisseur, employé dans les bonnes cuisines, autant que superflu dans celle d'un pauvre sauvage, et qui, pour cette raison, restait oublié et rongé de rouille au fond d'une petite armoire, une lardoire enfin. Tel fut l'instrument qu'il prit pour remplacer celui qui lui manquait et qu'il sut, par une seconde inspiration d'une imagination vraiment créatrice, convertir en un véritable porte-crayon en remplaçant les coulants par quelques tours de fil. Pardonnez, Monseigneur, l'importance que je mets à ce fait. Il faut avoir éprouvé toutes les angoisses d'une instruction aussi pénible ; il faut avoir suivi et dirigé cet homme-plante dans ses laborieux développements, depuis le premier acte de l'attention jusqu'à cette première étincelle de l'imagination, pour se faire une idée de la joie que j'en ressentis et me trouver pardonnable de produire encore en ce moment avec une sorte d'ostentation, un fait aussi simple et aussi ordinaire. Ce qui ajoutait encore à l'importance de ce résultat, considéré comme une preuve du mieux actuel, et comme une garantie d'une amélioration future, c'est qu'au lieu de se présenter avec un isolement qui eût pu le faire regarder comme accidentel, il se groupait avec une foule d'autres, moins piquants sans doute, mais qui, venus à la même époque et émanés évidemment de la même source, s'offraient aux yeux d'un observateur attentif, comme des résultats divers d'une impulsion générale. Il est en effet digne de remarque que, dès ce moment, disparurent spontanément une foule d'habitudes routinières que l'élève avait contractées dans sa manière de vaquer aux petites occupations qu'on lui avait prescrites. Tout en s'abstenant sévèrement de faire des rapprochements forcés, et de tirer des conséquences éloignées, on peut du moins, je pense, soupçonner que la nouvelle manière d'envisager les choses, faisant naître l'idée d'en faire de nouvelles applications, dût nécessairement forcer l'élève à sortir du cercle uniforme de ces habitudes en quelque sorte automatiques.

XXXI. — Bien convaincu enfin que j'avais complètement établi dans l'esprit de Victor le rapport des objets avec leurs signes, il ne me restait plus qu'à en augmenter successivement le nombre. Si l'on a bien saisi le procédé par lequel j'étais parvenu à établir la valeur des premiers signes, on aura dû prévoir que ce procédé ne pouvait s'appliquer qu'aux objets circonscrits et de peu de volume, et qu'on ne pouvait étiqueter de même un lit, une chambre, un arbre, une personne, ainsi que les parties constituantes et inséparables d'un tout. Je ne trouvai aucune difficulté à faire comprendre le sens de ces nouveaux mots, quoique je ne pusse les lier visiblement aux objets qu'ils représentaient comme dans les expériences précédentes. Il me suffisait pour être compris, d'indiquer du doigt le mot nouveau, et de montrer de l'autre main l'objet auquel le mot se rapportait. J'eus un peu de peine à faire entendre la nomenclature des parties qui entrent dans la composition d'un tout. Ainsi les mots doigts, mains, avant-bras, ne purent pendant longtemps offrir à l'élève aucun sens distinct. Cette confusion dans l'attribution des signes tenait évidemment à ce que l'élève n'avait point encore compris que les parties d'un corps, considérées séparément, formaient à leur tour des objets distincts, qui avaient leur nom particulier. Pour lui en donner l'idée, je pris un livre relié, j'en arrachai les couvertures et j'en détachai plusieurs feuilles. A mesure que je donnai à Victor chacune de ces parties séparées, j'en écrivais le nom sur la planche noire ; puis reprenant dans sa main ces divers débris, je m'en faisais à mon tour indiquer les noms. Quand ils se furent bien gravés dans sa mémoire, je remis à leur place les parties séparées, et lui en redemandant les noms, il me les désigna comme auparavant, puis, sans lui en présenter aucun en particulier et lui montrant le livre en totalité, je lui en demandai le nom : il m'indiqua du doigt le mot livre.

XXXII. — Il n'en fallait pas davantage pour lui rendre familière la nomenclature des diverses parties des corps composés ; et pour que, dans les démonstrations que je lui en faisais, il ne confondît pas les noms propres à chacune des parties avec le nom général de l'objet, j'avais soin, en montrant les premières, de les toucher chacune immédiatement et je me contentais, pour l'application du nom général, d'indiquer la chose vaguement sans y toucher.

XXXIII. — De cette démonstration, je passai à celle des qualités des corps. J'entrais ici dans le champ des abstractions, et j'y entrais avec la crainte de ne pouvoir y pénétrer ou de m'y voir bientôt arrêté par des difficultés insurmontables. Il ne s'en présenta aucune ; et ma première démonstration fut saisie d'emblée, quoiqu'elle portât sur l'une des qualités les plus abstraites des corps, celle de l'étendue. Je pris deux livres reliés de même, mais de format différent : l'un était un in-18, l'autre un in-8. Je touchai le premier. Victor ouvrit son cahier et désigna du doigt le mot *livre*. Je touchai le second, l'élève indiqua de nouveau le même mot. Je recommençai plusieurs fois et toujours avec le même résultat. Je pris ensuite le plus petit livre et le présentant à Victor je lui fis étendre sa main à plat sur

223

la couverture : elle en était presque entièrement couverte ; je l'engageai alors à faire la même chose sur le volume in-8 : sa main en couvrait à peine la moitié. Pour qu'il ne pût se méprendre sur mon intention, je lui montrai la partie qui restait à découvert et l'engageai à allonger les doigts vers cet endroit : ce qu'il ne put faire sans découvrir une portion égale à celle qu'il recouvrait. Après cette expérience, qui démontrait à mon élève d'une manière si palpable la différence d'étendue de ces deux objets, j'en demandai de nouveau le nom. Victor hésita ; il sentit que le même nom ne pouvait plus s'appliquer indistinctement à deux choses qu'il venait de trouver si inégales. C'était là où je l'attendais. J'écrivis alors sur deux cartes le mot *livre*, et j'en déposai une sur chaque livre. J'écrivis ensuite sur une troisième le mot *grand*, et le mot *petit* sur une quatrième ; je les plaçai à côté des premières, l'une sur le volume in-8 et l'autre sur le volume in-18. Après avoir fait remarquer cette disposition à Victor, je repris les étiquettes, les mêlai pendant quelque temps et les lui donnai ensuite pour être replacées. Elles le furent convenablement.

XXXIV. — Avais-je été compris ? Le sens respectif des mots *grand* et *petit* avait-il été saisi ? Pour en avoir la certitude et la preuve complète, voici comment je m'y pris. Je me fis apporter deux clous de longueur inégale ; je les fis comparer à peu près de la même manière que je l'avais fait pour les livres. Puis ayant écrit sur deux cartes le mot *clou*, je les lui présentai, sans y ajouter les deux adjectifs *grand* et *petit*, espérant que, si ma leçon précédente avait été bien saisie, il appliquerait aux clous les mêmes signes de grandeur relative qui lui avaient servi à établir la différence de

224

dimension des deux livres. C'est ce qu'il fit avec une promptitude qui rendit la preuve plus concluante encore. Tel fut le procédé par lequel je lui donnai l'idée des qualités d'étendue. Je l'employai avec le même succès pour rendre intelligibles les signes qui représentent les autres qualités sensibles des corps, comme celles de couleur, de pesanteur, de résistance etc.

XXXV. — Après l'explication de l'adjectif, vint celle du verbe. Pour le faire comprendre à l'élève, je n'eus qu'à soumettre un objet dont il connaissait le nom à plusieurs sortes d'actions que je désignais, à mesure que je les exécutais, par l'infinitif du verbe qui exprime cette action. Je prenais une clef, par exemple ; j'en écrivais le nom sur une planche noire ; puis la *touchant,* la *jetant,* la *ramassant,* la *portant aux lèvres,* la *remettant* à sa place, etc., j'écrivais en même temps que j'exécutais chacune de ces actions sur une colonne, à côté du mot *clef,* les verbes *toucher, jeter, ramasser, baiser, replacer,* etc. Je substituais ensuite au mot *clef* le nom d'un autre objet que je soumettais aux mêmes fonctions, pendant que je montrais avec le doigt les verbes déjà écrits. Il arrivait souvent qu'en remplaçant ainsi au hasard un objet par un autre pour le rendre le régime des mêmes verbes, il y avait entre eux et la nature de l'objet une telle incompatibilité que l'action demandée devenait ou bizarre ou impossible. L'embarras où se trouvait alors l'élève tournait presque toujours à son avantage, autant qu'à ma propre satisfaction, et nous fournissant à lui l'occasion d'exercer son discernement et à moi celle de recueillir de nouvelles preuves de son intelligence. Un jour par exemple, que par suite des changements successifs du régime des verbes, je me trouvais avoir ces étranges associations de mots, *déchi-*

225

rer pierre, couper tasse, manger balai, il se tira fort bien d'embarras, en changeant les deux actions indiquées par les deux premiers verbes, en deux autres moins incompatibles avec la nature de leur régime. En conséquence, il prit un marteau pour rompre la pierre, et laissa tomber la tasse pour la casser. Parvenu au troisième verbe et ne pouvant lui trouver de remplaçant, il en chercha un au régime, prit un morceau de pain et le mangea.

XXXVI. — Réduits à nous traîner péniblement et par les circuits infinis dans l'étude de ces difficultés grammaticales, nous faisions marcher de front, comme un moyen d'instruction auxiliaire et de diversion indispensable, l'exercice de l'écriture. Le début de ce travail m'offrit des difficultés sans nombre auxquelles je m'étais attendu. L'écriture est un exercice d'imitation et l'imitation était à naître chez notre sauvage. Ainsi lorsque je lui donnai pour la première fois un morceau de craie que je disposai convenablement au bout de ses doigts, je ne pus obtenir aucune ligne, aucun trait qui supposât dans l'élève l'intention d'imiter ce qu'il me voyait faire. Il fallait donc ici rétrograder encore, et chercher à tirer de leur inertie les facultés imitatives en les soumettant, comme toutes les autres, à une sorte d'éducation graduelle. Je procédai à l'exécution de ce plan en exerçant Victor à des actes d'une imitation grossière, comme de lever les bras, d'avancer le pied, de s'asseoir, de se lever en même temps que moi, puis d'ouvrir la main, de la fermer, et de répéter avec ses doigts une foule de mouvements d'abord simples, puis combinés, que j'exécutais devant lui. J'armai ensuite sa main, de même que la mienne, d'une longue baguette taillée en pointe, que je lui faisais tenir comme une plume à écrire, dans la double intention de donner plus de force et d'aplomb à ses doigts, par la difficulté de tenir en équilibre ce simulacre de plume et de lui rendre visibles et par conséquent susceptibles d'imitation jusques aux moindres mouvements de la baguette.

XXXVII. — Ainsi disposés par des exercices préliminaires nous nous mîmes à la planche noire, munis chacun d'un morceau de craie ; et plaçant nos deux mains à la même hauteur je commençai par descendre lentement et verticalement vers la base du tableau. L'élève en fit autant, en suivant exactement la même direction, et partageant son attention entre sa ligne et la mienne et portant sans relâche ses regards de l'une à l'autre, comme s'il eût voulu en collationner successivement tous les points.

Le résultat de notre composition fut deux lignes exactement parallèles. Mes leçons subséquentes ne furent qu'un développement du même procédé : je n'en parlerai pas. Je dirai seulement que le résultat fut tel, qu'au bout de quelques mois Victor sut copier les mots dont il connaissait déjà la valeur, bientôt après les reproduire de mémoire et se servir enfin de son écriture tout informe qu'elle était et qu'elle est restée, pour exprimer ses besoins, solliciter les moyens de les satisfaire, et saisir par la même voie l'expression des besoins ou de la volonté des autres.

XXXVIII. — En considérant mes expériences comme un véritable cours d'imitation, je crus devoir ne pas le borner à des actes d'une imitation manuelle. J'y fis entrer plusieurs procédés qui n'avaient aucun rapport au mécanisme de l'écriture, mais dont l'effet était beaucoup plus propre à exercer l'intelligence. Tel est entre autres celui-ci : je traçais sur une planche noire deux cercles à peu près égaux l'un vis-à-vis de moi, et l'autre en face de Victor. Je disposais, sur six ou huit points de la circonférence de ces cercles, six ou huit lettres de l'alphabet, les mêmes dans les cercles, mais placées diversement. Je traçais ensuite dans l'un des cercles plusieurs lignes qui allaient aboutir aux lettres placées sur sa circonférence : Victor en faisait autant sur l'autre cercle. Mais par suite de la différente disposition des lettres, il arrivait que l'imitation la plus exacte donnait néanmoins une figure toute différente de celle que je lui offrais pour modèle. De là l'idée d'une imitation toute particulière, dans laquelle il s'agissait non de copier servilement une forme donnée, mais d'en reproduire l'esprit et la manière, sans être arrêté par la différence du résultat. Ce n'était plus ici une répétition routinière de ce que l'élève voyait faire, et telle qu'on pourrait l'obtenir, jusqu'à un certain point, de quelques animaux imitateurs, mais une imitation intelligente et raisonnée, variable dans ses procédés comme dans ses applications, et telle en un mot qu'on a droit de l'attendre de l'homme doué du libre usage de toutes ses facultés intellectuelles.

XXXIX. — De tous les phénomènes que présentent à l'observateur les premiers développements de l'enfant, le plus étonnant peut-être est la facilité avec laquelle il apprend à parler ; et lorsqu'on pense que la parole, qui est sans contredit l'acte le plus admirable de l'imitation, en est aussi le premier résultat, on sent redoubler son admiration pour cette intelligence suprême dont l'homme est le chef-d'œuvre, et qui voulant faire de la parole le principal moteur de l'éducation, a dû ne pas assujettir l'imitation au développement progressif des autres facultés, et la rendre, dès son début, aussi active que féconde. Mais cette faculté imitative, dont l'influence se répand sur toute la vie, varie dans son application, selon la diversité des âges, et n'est employée à l'apprentissage de la parole que dans la plus tendre enfance ; plus tard elle préside à d'autres fonctions, et abandonne, pour ainsi dire, l'instrument vocal ; de telle sorte qu'un jeune enfant, un adolescent même, quittant son pays natal, en perd très promptement les manières, le ton, le langage, mais jamais ces intonations de voix qui constituent ce qu'on appelle l'accent. Il résulte de cette vérité physiologique qu'en réveillant l'imitation dans ce jeune sauvage parvenu déjà à son adolescence, j'ai dû m'attendre à ne trouver dans l'organe de la voix aucune disposition à mettre à profit ce développement des facultés imitatives, en supposant même que je n'eusse pas rencontré un second obstacle dans la stupeur opiniâtre du sens de l'ouïe. Sous ce dernier rapport, Victor pouvait être considéré comme un sourd-muet, quoique bien inférieur encore à cette classe d'êtres essentiellement observateurs et imitateurs.

XL. — Néanmoins, je n'ai pas cru devoir m'arrêter à cette différence, ni renoncer à l'espoir de le faire parler et à tous les avantages que je m'en promettais, qu'après avoir tenté, pour parvenir à ce résultat, le dernier moyen qui me restait : c'était de le conduire à l'usage de la parole non plus par le sens de l'ouïe, puisqu'il s'y refusait, mais par celui de la vue. Il s'agissait donc, dans cette dernière tentative, d'exercer les yeux à saisir le mécanisme de l'articulation des sons, et la voix à les répéter, par une heureuse application de toutes les forces réunies de l'attention et de l'imitation. Pendant plus d'un an tous mes travaux, tous nos exercices tendirent à ce but. Pour suivre pareillement ici la méthode des gradations insensibles, je fis précéder l'étude de l'articulation visible des sons, par l'imitation un peu plus facile des mouvements des muscles de la face, en commençant par ceux qui étaient les plus apparents. Ainsi voilà l'instituteur et l'élève en face de l'un de l'autre, grimaçant à qui mieux mieux, c'est-à-dire imprimant aux muscles des yeux, du front, de la bouche, de la mâchoire, des mouvements de toute espèce ; concentrant peu à peu les expériences sur les muscles des lèvres et, après avoir insisté longtemps sur l'étude des mouvements de cette partie charnue de l'organe de la parole, soumettant enfin la langue aux mêmes exercices, mais beaucoup plus diversifiés et plus longtemps continués.

XLI. — Ainsi préparé, l'organe de la parole me paraissait devoir se prêter sans peine à l'imitation des sons articulés, et je regardais ce résultat comme aussi prochain qu'infaillible. Mon espérance fut entièrement déçue ; et tout ce que je pus obtenir de cette longue série de soins se réduisit à l'émission de quelques monosyllabes informes, tantôt aigus, tantôt graves, et beaucoup moins nets encore que ceux que j'avais obtenus dans mes premiers essais. Je tins bon néanmoins et luttai, pendant longtemps encore, contre l'opiniâtreté de l'organe, jusqu'à ce qu'enfin, voyant la continuité de mes soins et la succession du temps n'opérer aucun changement, je me résignai à terminer là mes dernières tentatives en faveur de la parole, et j'abandonnai mon élève à un mutisme incurable.

DÉVELOPPEMENT
DES FACULTÉS AFFECTIVES

XLII. — Vous avez vu, Monseigneur, la civilisation, rappelant de leur profond engourdissement les facultés intellectuelles de notre Sauvage, en déterminer d'abord l'application aux objets de ses besoins, et étendre la sphère de ses idées au-delà de son existence animale. Votre Excellence va voir, dans le même ordre de développement, les facultés affectives, éveillées d'abord par le sentiment du besoin de l'instinct de la conservation, donner ensuite naissance à des sentiments moins intéressés, à des mouvements plus expansifs et à quelques-uns de ces sentiments généreux qui font la gloire et le bonheur du cœur humain.

XLIII. — A son entrée dans la société, Victor, insensible à tous les soins qu'on prit d'abord de lui, et confondant l'empressement de la curiosité avec l'intérêt de la bienveillance, ne donna pendant longtemps aucun témoignage d'attention à la personne qui le soignait. S'en rapprochant quand il y était forcé par le besoin, et s'en éloignant dès qu'il se trouvait satisfait, il ne voyait en elle que la main qui le nourrissait, et dans cette main autre chose que ce qu'elle contenait. Ainsi, sous le

231

rapport de son existence morale, Victor était un enfant, dans les premiers jours de sa vie, lequel passe du sein de sa mère à celui de sa nourrice, et de celle-ci à une autre, sans y trouver d'autre différence que celle de la quantité ou de la qualité du liquide qui lui sert d'aliment. Ce fut avec la même indifférence que notre Sauvage, au sortir de ses forêts, vit changer à diverses reprises les personnes commises à sa garde, et qu'après avoir été accueilli, soigné et conduit à Paris par un pauvre paysan de l'Aveyron qui lui prodigua tous les témoignages d'une tendresse paternelle, il s'en vit séparer tout à coup sans peine ni regret.

XLIV. — Livré pendant les trois premiers mois de son entrée à l'Institution aux importunités des curieux oisifs de la Capitale, et de ceux qui, sous le titre spécieux d'observateurs ne l'obsédaient pas moins ; errant dans les corridors et le jardin de la maison par le temps le plus rigoureux de l'année ; croupissant dans une saleté dégoûtante ; éprouvant souvent le besoin de la faim, il se vit tout à coup, chéri, caressé par une surveillante pleine de douceur, de bonté et d'intelligence, sans que ce changement parût réveiller dans son cœur le plus faible sentiment de reconnaissance. Pour peu que l'on y réfléchisse l'on n'en sera point étonné. Que pouvaient en effet les manières les plus caressantes, les soins les plus affectueux, sur un être aussi impassible ! Et que lui importait d'être bien vêtu, être bien chauffé, commodément logé et couché mollement, à lui qui, endurci aux intempéries des saisons, insensible aux avantages de la vie sociale, ne connaissait d'autre bien que la liberté, et ne voyait qu'une prison dans le logement le plus commode. Pour exciter la reconnaissance, il fallait des bienfaits d'une autre

232

espèce et de nature à être appréciés par l'être extraordinaire qui en était l'objet ; et pour cela, condescendre à ses goûts, et le rendre heureux à sa manière. Je m'attachai fidèlement à cette idée comme à l'indication principale du traitement moral de cet enfant. J'ai fait connaître quels en avaient été les premiers succès. J'ai dit, dans mon premier rapport, comment j'étais parvenu à lui faire aimer sa gouvernante et à lui rendre la vie sociale supportable. Mais cet attachement, tout vif qu'il paraissait, pouvait encore n'être considéré que comme un calcul d'égoïsme. J'eus lieu de le soupçonner quand je m'aperçus qu'après plusieurs heures et même quelques jours d'absence, Victor revenait à celle qui le soignait avec des démonstrations d'amitié, dont la vivacité avait pour mesure bien moins la longueur de l'absence que les avantages réels qu'il trouvait à son retour et les privations qu'il avait éprouvées pendant cette séparation. Non moins intéressé dans ses caresses, il les fit d'abord servir à manifester ses désirs bien plus qu'à témoigner sa reconnaissance de manière que si on l'observait avec soin à l'issue d'un repas copieux, Victor offrait l'affligeant spectacle d'un être que rien de ce qui l'environne n'intéresse, dès l'instant que tous ses désirs sont satisfaits. Cependant la multiplicité toujours croissante de ses besoins, rendant de plus en plus nombreux ses rapports avec nous et nos soins envers lui, ce cœur endurci s'ouvrit enfin à des sentiments non équivoques de reconnaissance et d'amitié. Parmi les traits nombreux que je puis citer comme autant de preuves de ce changement favorable, je me contenterai de rapporter les deux suivants.

XLV. — La dernière fois qu'entraîné par d'anciennes réminiscences et sa passion pour la liberté des champs

notre Sauvage s'évada de la maison, il se dirigea du côté
de Senlis et gagna la forêt d'où il ne tarda pas à sortir,
chassé sans doute par la faim et l'impossibilité de
pouvoir désormais se suffire à lui-même. S'étant rapproché des campagnes voisines, il tomba entre les
mains de la gendarmerie qui l'arrêta comme un vagabond et le garda comme tel pendant quinze jours.
Reconnu au bout de ce temps, et ramené à Paris, il fut
conduit au Temple où Mme Guérin, sa surveillante, se
présenta pour le réclamer. Nombre de curieux s'y
étaient rassemblés pour être témoins de cette entrevue
qui fut vraiment touchante. A peine Victor eut-il
aperçu sa gouvernante qu'il pâlit et perdit un moment
connaissance ; mais se sentant embrassé, caressé par
Mme Guérin, il se ranima subitement, et manifestant sa
joie par des cris aigus, par le serrement convulsif de ses
mains et les traits épanouis d'une figure radieuse, il se
montra, aux yeux de tous les assistants, bien moins
comme un fugitif qui rentrait forcément sous la surveillance de sa garde que comme un fils affectueux qui, de
son propre mouvement, viendrait se jeter dans les bras
de celle qui lui donna le jour.

XLVI. — Il ne montra pas moins de sensibilité dans
sa première entrevue avec moi. Ce fut le lendemain
matin du même jour. Victor était encore au lit. Dès
qu'il me vit paraître, il se mit avec vivacité sur son
séant, en avançant la tête et me tendant les bras. Mais
voyant qu'au lieu de m'approcher je restais debout,
immobile vis-à-vis de lui avec un maintien froid et une
figure mécontente, il se replongea dans le lit, s'enve-
loppa de ses couvertures et se mit à pleurer. J'augmen-
tai l'émotion par mes reproches, prononcés d'un ton
haut et menaçant ; les pleurs redoublèrent, accompa-

gnés de longs et profonds sanglots. Quand j'eus porté au dernier point l'excitement des facultés affectives, j'allai m'asseoir sur le lit de mon pauvre repentant. C'était toujours là le signal du pardon. Victor m'entendit, fit les premières avances de la réconciliation et tout fut oublié.

XLVII. — Assez près de la même époque, le mari de Mme Guérin tomba malade et fut soigné hors de la maison, sans que Victor en fût instruit. Celui-ci ayant, dans ses petites attributions domestiques, celle de couvrir la table à l'heure du dîner, continua d'y placer le couvert de M. Guérin, et quoique chaque jour on le fît ôter, il ne manquait pas de le replacer le lendemain. La maladie eut une issue fâcheuse. M. Guérin y succomba, et le jour même où il mourut, son couvert fut encore remis à table. On devine l'effet que dut faire sur Mme Guérin une attention aussi déchirante pour elle. Témoin de cette scène de douleur, Victor comprit qu'il en était la cause ; et soit qu'il se bornât à penser qu'il avait mal agi, soit que pénétrant à fond le motif du désespoir de sa gouvernante, il sentît combien était inutile et déplacé le soin qu'il venait de prendre, de son propre mouvement il ôta le couvert, le reporta tristement dans l'armoire, et jamais plus ne le remit.

XLVIII. — Voilà une affection triste, qui est entièrement du domaine de l'homme civilisé. Mais une autre qui ne l'est pas moins, c'est la morosité profonde dans laquelle tombe mon jeune élève toutes les fois que, dans le cours de nos leçons, après avoir lutté en vain, avec toutes les forces de son attention, contre quelque difficulté nouvelle, il se voit dans l'impossibilité de la surmonter. C'est alors que, pénétré du sentiment de

235

son impuissance et touché peut-être de l'inutilité de mes efforts, je l'ai vu mouiller de ses pleurs ces caractères inintelligibles pour lui, sans qu'aucun mot de reproche, aucune menace, aucun châtiment eussent provoqué ses larmes.

XLIX. — La civilisation, en multipliant ses affections tristes, a dû nécessairement aussi augmenter ses jouissances. Je ne parlerai point de celles qui naissent de la satisfaction de ses nouveaux besoins. Quoiqu'elles aient puissamment concouru au développement des facultés affectives, elles sont, si je puis le dire, si animales qu'elles ne peuvent être admises comme preuves directes de la sensibilité du cœur. Mais je citerai comme telles le zèle qu'il met et le plaisir qu'il trouve à obliger les personnes qu'il affectionne, et même à prévenir leur désir, dans les petits services qu'il est à portée de leur rendre. C'est ce qu'on remarque, surtout dans ses rapports avec Mme Guérin. Je désignerai encore, comme le sentiment d'une âme civilisée, la satisfaction qui se peint sur tous ses traits, et qui souvent même s'annonce par de grands éclats de rire, lorsque arrêté dans nos leçons par quelque difficulté, il vient à bout de la surmonter par ses propres forces, ou lorsque content de ses faibles progrès, je lui témoigne ma satisfaction par des éloges et des encouragements. Ce n'est pas seulement dans ses exercices qu'il se montre sensible au plaisir de bien faire, mais encore dans les moindres occupations domestiques dont il est chargé, surtout si ces occupations sont de nature à exiger un grand développement des forces musculaires. Lorsque, par exemple, on l'occupe à scier du bois, on le voit, à mesure que la scie pénètre profondément, redoubler d'ardeur et d'efforts, et se livrer, au moment où la division va s'achever, à des mouvements de joie extraordinaires, que l'on serait tenté de rapporter à un délire maniaque, s'ils ne s'expliquaient naturellement, d'un côté par le besoin du mouvement dans un être si actif, et de l'autre par la nature de cette occupation qui, en lui présentant à la fois un exercice salutaire, un mécanisme qui l'amuse et un résultat qui intéresse ses besoins, lui offre d'une manière bien évidente, la réunion de ce qui plaît à ce qui est utile.

L. —Mais en même temps que l'âme de notre Sauvage s'ouvre à quelques-unes des jouissances de l'homme civilisé, elle ne continue pas moins à se montrer sensible à celle de sa vie primitive. C'est toujours la même passion pour la campagne, la même extase à la vue d'un beau clair de lune, d'un champ couvert de neige, et les mêmes transports au bruit d'un vent orageux. Sa passion pour la liberté des champs se trouve à la vérité tempérée par les affections sociales, et à demi satisfaite par de fréquentes promenades en plein air ; mais ce n'est encore qu'une passion mal éteinte, et il ne faut, pour la rallumer, qu'une belle soirée d'été, que la vue d'un bois fortement ombragé, ou l'interruption momentanée de ses promenades journalières. Telle fut la cause de sa dernière évasion. Mme Guérin, retenue dans son lit par des douleurs rhumatismales, ne put pendant quinze jours que dura sa maladie, conduire son élève à la promenade. Il supporta patiemment cette privation dont il voyait évidemment la cause. Mais dès que la gouvernante quitta le lit, il fit éclater sa joie qui devint plus vive encore lorsque au bout de quelques jours il vit Mme Guérin se disposer à sortir par un très beau temps ; et le voilà tout prêt à suivre sa conductrice. Elle sortit, et ne l'emmena point. Il dissimula son mécontentement, et lorsque à l'heure du dîner on l'envoya à la cuisine pour y chercher des plats, il saisit le moment où la porte cochère de la cour se trouvait ouverte pour laisser entrer une voiture, se glissa par-derrière, et se précipitant dans la rue, gagna rapidement la barrière d'Enfer.

LI. — Les changements opérés par la civilisation dans l'âme du jeune homme ne se sont pas bornés à éveiller en elle des affections et des jouissances inconnues, ils y ont fait naître aussi quelques-uns de ces sentiments qui constituaient ce que nous avons appelé la droiture du cœur : tel est le sentiment intérieur de la justice. Notre Sauvage en était si peu susceptible, au sortir de ses forêts, que longtemps après encore il fallait user de beaucoup de surveillance pour l'empêcher de se livrer à son insatiable rapacité. On devine bien cependant que, n'éprouvant alors qu'un unique besoin, celui de la faim, le but de toutes ses rapines se trouvait renfermé dans le petit nombre d'objets alimentaires qui étaient de son goût. Dans les commencements, il les prenait plutôt qu'il ne les dérobait ; et c'était avec un naturel, une aisance, une simplicité qui avaient quelque chose de touchant et retraçaient à l'âme le rêve de ces temps primitifs, où l'idée de la propriété était encore à poindre dans le cerveau de l'homme. Pour réprimer ce penchant naturel au vol, j'usai de quelques châtiments appliqués en flagrant délit. J'en obtins ce que la société obtient ordinairement de l'appareil effrayant de ses peines afflictives, une modification du vice, plutôt qu'une véritable correction ; aussi Victor déroba avec subtilité ce que jusque-là il s'était contenté de voler ouvertement. Je crus devoir essayer d'un autre moyen de correction ; et pour lui faire sentir plus vivement l'inconvenance de ses rapines, nous usâmes envers lui du droit de représailles. Ainsi, tantôt victime de la loi du plus fort, il voyait arracher de ses mains et manger devant ses yeux un fruit longtemps convoité, et qui souvent n'avait été que la juste récompense de sa docilité ; tantôt dépouillé d'une manière plus subtile que violente, il retrouvait ses poches vides des petites provisions qu'il y avait mises en réserve un instant auparavant.

LII. — Ces derniers moyens de répression eurent le succès que j'en avais attendu, et mirent un terme à la rapacité de mon élève. Cette correction ne s'offrit pas cependant à mon esprit comme la preuve certaine que j'avais inspiré à mon élève le sentiment intérieur de la justice. Je sentis parfaitement que, malgré le soin que j'avais pris de donner à nos procédés toutes les formes d'un vol injuste et manifeste, il n'était pas sûr que Victor y eût vu quelque chose de plus que la punition de ses propres méfaits ; et dès lors il se trouvait corrigé par la crainte de quelques nouvelles privations, et non par le sentiment désintéressé de l'ordre moral. Pour éclaircir ce doute, et avoir un résultat moins équivoque, je crus devoir mettre le cœur de mon élève à l'épreuve d'une autre espèce d'injustice qui, n'ayant aucun rapport avec la nature de la faute, ne parût pas en être le châtiment mérité, et fût par là aussi odieuse que révoltante. Je choisis, pour cette expérience vraiment pénible, un jour où, tenant depuis plus de deux heures Victor occupé à nos procédés d'instruction et, satisfait également de sa docilité et de son intelligence, je n'avais que des éloges et des récompenses à lui prodiguer. Il s'y attendait sans doute, à en juger par l'air content de lui qui se peignait sur tous ses traits, comme

239

dans toutes les attitudes de son corps. Mais quel ne fut pas son étonnement de voir qu'au lieu des récompenses accoutumées, qu'au lieu de ces manières auxquelles il avait tant de droit de s'attendre, et qu'il ne recevait jamais sans les plus vives démonstrations de joie, prenant tout à coup une figure sévère et menaçante, effaçant, avec tous les signes extérieurs du mécontentement, ce que je venais de louer et d'applaudir, dispersant dans tous les coins de sa chambre ses cahiers et ses cartons, et le saisissant enfin lui-même par le bras, je l'entraînais avec violence vers un cabinet noir qui, dans les commencements de son séjour à Paris lui avait quelquefois servi de prison. Il se laissa conduire avec résignation jusque près du seuil de la porte. Là, sortant tout à coup de son obéissance accoutumée, s'arc-boutant par les pieds et par les mains contre les montants de la porte, il m'opposa une résistance des plus vigoureuses et qui me flatta d'autant plus qu'elle était toute nouvelle pour lui, et que jamais, prêt à subir une pareille punition alors qu'elle était méritée, il n'avait démenti un seul instant sa soumission par l'hésitation la plus légère. J'insistai néanmoins pour voir jusqu'à quel point il porterait sa résistance, et faisant usage de toutes mes forces, je voulus l'enlever de terre pour l'entraîner dans le cabinet. Cette dernière tentative excita toute sa fureur. Outré d'indignation, rouge de colère, il se débattait dans mes bras avec une violence qui rendit pendant quelques minutes mes efforts infructueux ; mais enfin, se sentant prêt à ployer sous la loi du plus fort, il eut recours à la dernière ressource du faible ; il se jeta sur ma main, et y laissa la trace profonde de ses dents. Qu'il m'eût été doux, en ce moment, de pouvoir me faire entendre de mon élève, et de lui dire jusqu'à quel point la douleur même de sa morsure me remplissait mon âme de satisfaction et me dédommageait de toutes mes peines ! Pouvais-je m'en réjouir faiblement ? C'était un acte de vengeance bien légitime ; c'était une preuve incontestable que le sentiment du juste et de l'injuste, cette base éternelle de l'ordre social, n'était plus étranger au cœur de mon élève. En lui donnant ce sentiment, ou plutôt en en provoquant le développement, je venais d'élever l'homme sauvage à toute la hauteur de l'homme moral, par le plus tranché de ses caractères et la plus noble de ses attributions.

LIII. — En parlant des facultés intellectuelles de notre Sauvage, je n'ai point dissimulé les obstacles qui avaient arrêté le développement de quelques-unes d'entre elles, et je me suis fait un devoir de marquer exactement toutes les lacunes de son intelligence. Fidèle au même plan dans l'histoire des affections de ce jeune homme, je dévoilerai la partie brute de son cœur avec la même fidélité que j'en ai fait voir la partie civilisée. Je ne le tairai point, quoique devenu sensible à la reconnaissance et à l'amitié, quoiqu'il paraisse sentir vivement le plaisir d'être utile. Victor est resté essentiellement égoïste. Plein d'empressement et de cordialité quand les services qu'on exige de lui ne se trouvent pas en opposition avec ses besoins, il est étranger à cette obligeance qui ne calcule ni les privations, ni les sacrifices ; et le doux sentiment de la pitié est encore à naître chez lui. Si dans ses rapports avec sa gouvernante, on l'a vu quelquefois partager sa tristesse, ce n'était là qu'un acte d'imitation analogue à celui qui arrache des pleurs au jeune enfant qui voit pleurer sa mère ou sa nourrice. Pour compatir aux maux d'autrui, il faut les avoir connus, ou du moins en emprunter l'idée de notre imagination ; ce qu'on ne peut attendre d'un très jeune enfant, ou d'un être tel que Victor, étranger à toutes les peines et privations dont se composent nos souffrances morales.

LIV. — Mais ce qui, dans le système affectif de ce jeune homme, paraît plus étonnant encore et au-dessus de toute explication, c'est son indifférence pour les femmes, au milieu des mouvements impétueux d'une puberté très prononcée. Aspirant moi-même après cette époque, comme après une source de sensations nouvelles pour mon élève et, d'observations attrayantes pour moi, épiant avec soin tous les phénomènes avant-coureurs de cette crise morale, j'attendais chaque jour qu'un souffle de ce sentiment universel qui meut et multiplie tous les êtres, vînt animer celui-ci et agrandir son existence morale. J'ai vu arriver ou plutôt éclater cette puberté tant désirée, et notre jeune Sauvage se consumer de désirs d'une violence extrême et d'une effrayante continuité, sans pressentir quel en était le but, et sans éprouver pour aucune femme le plus faible sentiment de préférence. Au lieu de cet élan expansif qui précipite un sexe vers un autre, je n'ai vu en lui qu'une sorte d'instinct aveugle, et faiblement prononcé qui, à la vérité, lui rend la société des femmes préférable à celle des hommes, mais sans que son cœur prenne aucune part à cette distinction. C'est ainsi que, dans une réunion de femmes, je l'ai vu plusieurs fois, cherchant auprès d'une d'entre elles un soulagement à ses anxiétés, s'asseoir à côté d'elle, lui pincer doucement la main, les bras et les genoux, et continuer jusqu'à ce que, sentant ses désirs inquiets s'accroître, au lieu de se calmer par ces bizarres caresses, et n'entrevoyant aucun terme à ses pénibles émotions, il

changeait tout à coup de manières, repoussait avec
humeur celle qu'il avait recherchée avec une sorte
d'empressement, et s'adressait de suite à une autre avec
laquelle il se comportait de la même manière. Un jour
cependant il poussa ses entreprises un peu plus loin.
Après avoir d'abord employé les mêmes caresses, il prit
la dame par les deux mains et l'entraîna, sans y mettre
pourtant de violence, dans le fond d'une alcôve.

Là, fort embarrassé de sa contenance, offrant dans
ses manières et dans l'expression extraordinaire de sa
physionomie un mélange indicible de gaieté et de
tristesse, de hardiesse et d'incertitude, il sollicita à
plusieurs reprises les caresses de sa dame en lui
présentant ses joues, tourna autour d'elle lentement et
d'un air méditatif et finit enfin par s'élancer sur ses
épaules, en la serrant étroitement au cou. Ce fut là
tout, et ces démonstrations amoureuses finirent,
comme toutes les autres, par un mouvement de dépit
qui lui fit repousser l'objet de ses éphémères inclinations.

LV. — Quoique depuis cette époque, ce malheureux
jeune homme n'ait pas été moins tourmenté par
l'effervescence de ses organes, il a cessé néanmoins de
chercher dans ses caresses impuissantes, un soulagement à ses désirs inquiets. Mais cette résignation au lieu
d'apporter un adoucissement à sa situation, n'a servi
qu'à l'exaspérer, et à faire trouver à cet infortuné un
motif de désespoir dans un besoin impérieux, qu'il
n'espère plus satisfaire. Aussi lorsque, malgré le
secours des bains, d'un régime calmant et d'un violent
exercice, cet orage des sens vient à éclater de nouveau,
il se fait de suite un changement total dans le caractère
naturellement doux de ce jeune homme, et passant

subitement de la tristesse à l'anxiété, et de l'anxiété à la fureur, il prend du dégoût pour ses jouissances les plus vives, soupire, verse des pleurs, pousse des cris aigus, déchire ses vêtements, et s'emporte quelquefois au point d'égratigner ou de mordre sa gouvernante. Mais alors même qu'il cède à une fureur aveugle qu'il ne peut maîtriser, il en témoigne un véritable repentir, et demande à baiser le bras ou la main qu'il vient de mordre. Dans cet état, le pouls est élevé, la figure vultueuse ; et quelquefois le sang s'écoule par le nez et par les oreilles : ce qui met fin à l'accès et en éloigne pour plus longtemps la récidive, surtout si cette hémorragie est abondante. En partant de cette observation, j'ai dû pour remédier à cet état, ne pouvant ou n'osant faire mieux, tenter l'usage de la saignée, mais non sans beaucoup de réserves, persuadé que la véritable indication est d'attiédir cette effervescence vitale, et non point de l'éteindre. Mais je dois le dire, si j'ai obtenu un peu de calme par l'emploi de ce moyen et de beaucoup d'autres qu'il serait fort inutile d'énumérer ici, cet effet n'a été que passager, et il résulte de cette continuité de désirs violents autant qu'indéterminés, un état habituel d'inquiétude et de souffrance, qui a continuellement entravé la marche de cette laborieuse éducation.

LVI. — Telle a été cette époque critique qui promettait tant, et qui eût sans doute rempli toutes les espérances que nous y avions attachées si, au lieu de concentrer toute son activité sur les sens, elle eût ainsi animé du même feu le système moral, et porté dans ce cœur engourdi le flambeau des passions. Je ne me dissimulerai pas néanmoins, à présent que j'y ai profondément réfléchi, qu'en comptant sur ce mode de développement des phénomènes de la puberté, c'était mal à propos que j'avais dans ma pensée assimile mon élève à un adolescent ordinaire, chez lequel l'amour des femmes précède assez souvent, ou du moins accompagne toujours, l'excitement des parties fécondantes. Cet accord de nos besoins et de nos goûts ne pouvait se rencontrer chez un être à qui l'éducation n'avait point appris à distinguer un homme d'avec une femme, et qui ne devait qu'aux seules inspirations de l'instinct d'entrevoir cette différence, sans en faire l'application à sa situation présente. Aussi ne doutais-je point que si l'on eût osé évoiler à ce jeune homme le secret de ses inquiétudes, et le but de ses désirs, on en eût retiré un avantage incalculable. Mais d'un autre côté, en supposant qu'il m'eût été permis de tenter une pareille expérience, n'avais-je pas à craindre de faire connaître à notre Sauvage un besoin qu'il eût cherché à satisfaire aussi publiquement que les autres et qui l'eût conduit à des actes d'une indécence révoltante ? J'ai dû m'arrêter, intimidé par la crainte d'un pareil résultat, et me résigner à voir, comme dans maintes autres circonstances, mes espérances s'évanouir comme tant d'autres devant un obstacle imprévu.

Telle est, Monseigneur, l'histoire des changements survenus dans le système des facultés affectives du *Sauvage de l'Aveyron*. Cette section termine nécessairement tous les faits relatifs au développement de mon élève pendant l'espace de quatre années. Un grand nombre de ces faits déposent en faveur de ma perfectibilité, tandis que d'autres semblent l'infirmer. Je me suis fait un devoir de les présenter sans distinction les uns comme les autres, et de raconter avec la même vérité mes revers comme mes succès. Cette étonnante variété dans les résultats rend, en quelque façon, incertaine l'opinion qu'on peut se former de ce jeune homme et jette une sorte de désaccord dans les conséquences qui se présentent à la suite des faits exposés dans ce mémoire. Ainsi, en rapprochant ceux qui se trouvent disséminés dans les paragraphes VI, VII, XVIII, XX, XLI, LIII et LIV on ne peut s'empêcher d'en conclure, 1° que, par une suite de la nullité presque absolue des organes de l'ouïe et de la parole, l'éducation de ce jeune homme est encore et doit être à jamais incomplète ; 2° que, par une suite de longue inaction, les facultés intellectuelles se développent d'une manière lente et pénible ; et que ce développement qui, dans les enfants élevés en civilisation, est le fruit naturel du temps et des circonstances, est ici le résultat lent et laborieux d'une éducation toute agissante, dont les moyens les plus puissants s'usent à obtenir les plus petits effets ; 3° que les facultés affectives, sortant avec la même lenteur de leur long engourdissement, se trouvent subordonnées, dans leur application, à un profond sentiment d'égoïsme et que la puberté, au lieu de leur avoir imprimé un grand mouvement d'expansion, semble ne s'être fortement prononcée que pour prouver que s'il existe dans l'homme une relation entre les besoins de ses sens et les affections de son cœur cet accord sympathique est, comme la plupart des passions grandes et généreuses, l'heureux fruit de son éducation.

Mais si l'on récapitule les changements heureux survenus dans l'état de ce jeune homme et particulièrement les faits consignées dans les paragraphes IX, X, XI, XII, XIV, XXI, XXV, XXVIII, XXX, XXXI, XXXII, XXXIII, XXXIV, XXXV, XXXVII, XXXVIII, XLIV, XLV, XLVI, XLVII et XLIX on ne peut manquer d'envisager son éducation sous un point de vue plus favorable et d'admettre comme conclusions rigoureusement justes, 1° que le perfectionnement de la

246

vue et du toucher, et les nouvelles jouissances du goût, en multipliant les sensations et les idées de notre Sauvage, ont puissamment contribué au développement des facultés intellectuelles ; 2° qu'en considérant ce développement dans toute son étendue, on trouve, entre autres changements heureux, la connaissance de la valeur conventionnelle des signes de la pensée, l'application de cette connaissance à la désignation des objets et à l'énonciation de leurs qualités et de leurs actions d'où étendue des relations de l'élève avec les personnes qui l'environnent, la faculté de leur exprimer ses besoins, d'en recevoir des ordres et de faire avec elles un libre et continuel échange de pensées ; 3° que malgré son goût immodéré pour la liberté des champs et son indifférence pour la plupart des jouissances de la vie sociale, Victor se montre reconnaissant des soins qu'on prend de lui, susceptible d'une amitié caressante, sensible au plaisir de bien faire, honteux de ses méprises, et repentant de ses emportements ; 4° et qu'enfin, Monseigneur, sous quelques points de vue qu'on envisage cette longue expérience, soit qu'on la considère comme l'éducation méthodique d'un homme sauvage, soit qu'on se borne à la regarder comme le traitement physique et moral d'un de ces êtres disgraciés par la nature, rejetés par la société, et abandonnés par la médecine, les soins qu'on a pris de lui, ceux qu'on lui doit encore, les changements qui sont survenus, ceux qu'on peut espérer, la voix de l'humanité, l'intérêt qu'inspirent un abandon aussi absolu et une destinée aussi bizarre, tout recommande ce jeune homme extraordinaire à l'attention des savants, à la sollicitude de nos administrateurs et à la protection du gouvernement.

TABLE DES MATIÈRES

INTRODUCTION. — Les enfants sauvages et le problème de la nature humaine 7

CHAPITRE I. — L'hérédité de l'individu et l'hérédité de l'espèce 13
   I) l'hérédité de l'individu 13
   II) l'hérédité de l'espèce 27

CHAPITRE II. — Les compositions légendaires et les relations historiques 43
   I) la littérature de l'isolement 43
   II) la critique des faits et de leur sens 56

CHAPITRE III. — Les trois espèces d'*homines feri* et leurs plus célèbres exemples 76

BIBLIOGRAPHIE 100

ANNEXE :

MÉMOIRE ET RAPPORT SUR VICTOR DE L'AVEYRON par Jean ITARD

PRÉSENTATION 119
LE MÉMOIRE DE 1801 127
LE RAPPORT DE 1806 190

Imprimé en France sur Presse Offset par

BRODARD & TAUPIN

GROUPE CPI

La Flèche (Sarthe), 5665

Dépôt légal : juin 1983
N° d'édition : 138
Nouveau tirage : janvier 2001